美文工作室

站 在 人 这 边

教育家精神

伟大心灵的时代回响

成尚荣　著

上海教育出版社
SHANGHAI EDUCATIONAL
PUBLISHING HOUSE

图书在版编目（CIP）数据

教育家精神：伟大心灵的时代回响 / 成尚荣著. 上海：
上海教育出版社, 2025. 1（2025.10重印）. — ISBN 978-7-
5720-3008-6

I. G40-092

中国国家版本馆CIP数据核字第20243BW942号

策划编辑　刘美文

责任编辑　刘美文　王璇

封面设计　王鸣豪

教育家精神　伟大心灵的时代回响
成尚荣　著

出版发行	上海教育出版社有限公司
官　网	www.seph.com.cn
地　址	上海市闵行区号景路159弄C座
邮　编	201101
印　刷	上海盛通时代印刷有限公司
开　本	889×1194　1/32　印张 8.25　插页 4
字　数	181千字
版　次	2025年1月第1版
印　次	2025年10月第6次印刷
书　号	ISBN 978-7-5720-3008-6/G·2862
定　价	65.00 元

如发现质量问题，读者可向本社调换　电话：021-64373213

目 录

第二辑
先生之风，山高水长：
讲述教育家的故事 / *037*

让弘扬教育家精神
成为教师的自觉追求

在第 40 个教师节来临之际,《中共中央　国务院关于弘扬教育家精神加强新时代高素质专业化教师队伍建设的意见》(以下简称《意见》)发布。《意见》定位在一个伟大的历史节点:2035 年。2035 年中国将基本实现中国特色社会主义现代化,《意见》必将在中国式教育现代化、建设教育强国历史征程中写下重要篇章。

《意见》明确提出教师队伍建设的宏伟目标:"经过 3 至 5 年努力,教育家精神得到大力弘扬,高素质专业化教师队伍建设取得积极成效,教师立德修身、敬业立学,教书育人呈现新风貌,尊师重教气氛更加浓厚""到 2035 年,教育家精神成为广大教师的自觉追求""形成优秀人才争相从教、优秀教师不断涌现的良好局面"。加强教师队伍建设的历史使命是,"为加快教育现代化、建设教育强国、办好人民满意的教育提供坚强支撑"。无疑，这是新时代教师队伍建设的纲领，建设的方向更鲜明、目标更明确、要求更具体。《意见》中所描绘的愿景——"优秀人才争相从教、优秀教师不断涌现的良好局面"亦为高素质专业化教师队伍建设的生动景象和宏大气象，鼓舞人心，振奋斗志，必定激起广大教师百舸争流、到中流击水的创造伟力。

"教育家精神成为广大教师的自觉追求"，简洁的话语，却有丰厚的内涵，蕴藏千钧之力。我们深深感受到这是中国之问和时代之责。马克思早就指出，"问题是时代的格言，是表现时代自己内心状态的最实际的呼声"。因此，"教育家精神成为广大教师的自觉追求"，既是要求，更是未来的召唤；既是期待，更是应担当的责任；既是愿景，更是当下切实的行动。我们应当将这一自觉追求内化为"表现时代自己内心状态的最实际的呼声"。

我们要自觉追求，要不断提升对弘扬教育家精神时代意义和价值意蕴的认识。弘扬教育家精神与加强教师队伍建设之间有着必然的内在逻辑：教育家精神是新时代教师队伍的精神特质，是教师队伍建设的动力源泉，弘扬教育家精神就是在教师面前树立起精神标杆，推动教师队伍建设进入崇高境界，让弘扬教育家精神成为教师队伍建设的主旋律。教师应该有这样的认知和自觉行动，唱响新时代立德树人的教师之歌。

我们要自觉追求,像教育家那样,坚定理想信念。教育家要以教育为家,以国为家,自觉践行教育兴国、教育富国、教育强国的重任,胸怀"国之大者"。坚定理想信念,要持续学好党史、新中国史、改革开放史、社会主义发展史,坚持不懈用习近平新时代中国特色社会主义思想凝心铸魂。坚定理想信念,要用党建引领教师发展,"增进广大教师对中国共产党和中国特色社会主义的政治认同、思想认同、理论认同、情感认同"。坚定理想信念,要坚持师德师风为"第一标准",把学习习近平总书记关于教育的重要论述作为教师培养的必修课,开展师德师风和教育家精神专题研修。要坚持师德违规"零容忍",让教师成为大先生,做学生为学、为事、为人的示范。

我们要自觉追求,像教育家那样不断提升教书育人的能力。教育家是在学校里诞生的,是在课堂里站立起来的,是在教书育人过程中"生长"出来的。教师是永不毕业的学生,是学习专家,还应是反思型的实践家。我们要"将学科能力和学科素养作为自己教书育人的基础",并贯穿发展全过程。"在中小学教师培训中强化学科素养提升,推动教师更新学科知识,紧跟学科发展",这将成为教师专业发展的重要命题,我们当深入领会,积极探索;"加强中小学学科领军教师培训,培育一批引领基础教育学科教学改革的骨干",这将成为教师努力的目标,我们当自我突破,实现自我超越。

教师的自觉追求必须有条件保障。我们欣喜地看到在已有的基础上,中央的《意见》对教师队伍建设,进一步加大了保障力度。《意见》从几个重要维度提出了要求:一是优化教师管理和资源配置;二是营造教育家成长的良好环境;三是加大各级各类学校教师待遇保障力度;四是维护教师合法权益。《意见》还专门对"弘扬尊师重教社会风尚"提出具体要求路径。这些举措体现了党和政府对教师队伍建设的高度重视,对教师的真挚关爱和殷殷嘱托。读着《意见》,我们内心涌动着一股暖流和自觉追求的激情。在良好生态和有效机制保障下,真正解放教师的创造力,我们更应加强自觉追求,像教育家那样做教师。我们已看到,高素质专业化教师队伍建设的美好前景已在我们面前铺展。

2035,在哪里?就在今天的学校里,在今天的课程教学中,就在高素质、专业化的教师队伍建设中。我们满怀信心!

第一辑

教育家精神灯塔：照亮教师发展之路

大力弘扬教育家精神，
为党育人为国育才

每年的 9 月 10 日，是个不平凡的日子，因为这一天是教师自己的节日。中国特色社会主义新时代开启以来，习近平总书记总是在这天前后，看望教师、勉励教师，给教师带来新的发展动力和前行的希望。

2023 年的教师节更不平凡，因为这一天，习近平总书记致信参加全国优秀教师代表座谈会的教师代表，并就教育家精神作了全面、深刻的阐释，对全国教师提出了殷切希望：以教育家为榜样，大力弘扬教育家精神。这是新时代的伟大召唤。

习近平总书记精准凝练的教育家精神，既有丰富的内涵，又有明确的实践要求。我们要深入领会，准确把握，积极行动。

一、准确把握大力弘扬教育家精神的战略意义

人是一种精神的存在，人总是要有点精神的。马克思早

就指出："人，并不是蹲在世界之外的抽象的存在。人，意味着人的世界，意味着国家，意味着社会。"人的站立是精神的站立，跪着的人是精神的萎缩与丧失；人的站立意味着国家、民族精神的站立。教师肩负着育人的重大使命，教师更应是精神的存在，而且是精神的创造者，更应挺起自己的脊梁，塑造灵魂、塑造生命、塑造新人。教育家是教师队伍中的杰出者，是教书育人的楷模，更是教育家精神的体现者。教育家精神是教育家发展的根本动力，是教育家的精神标识，也是教师的精神标杆。不仅如此，教育家积蓄着巨大的精神能量，犹似一座精神之塔，又似一座精神之桥，每位教师在教育家精神照耀下，将带领孩子们最终走向更真更善更美的明天。

教育家精神凝聚并体现着中华民族伟大的民族精神和时代精神，体现了新时代的精神内涵，发出了一束束光，照亮着教师专业发展之路。教师是立教之本、兴教之源，是教育发展的第一资源，教师的高质量决定着育人的高质量，决定着教育的高质量。大力弘扬教育家精神，正是培养高素质教师队伍的关键一环，需要进一步健全中国特色教师教育体系，为加快建设教育强国、实现中华民族伟大复兴提供基础性、战略性保障。

推进中国教育现代化建设，彰显了我们的道路自信、理论自信、制度自信、文化自信。2035年中国要基本实现社会主义现代化，时不我待。人才强国战略对教育改革发展发出了新召唤、新挑战、新要求，面对世界百年未有之大变局，培养拔尖创新人才更为紧迫。教育现代化是人的现代化，尤其是精神的现代化，拔尖创新人才不仅体现在能力上，更体现在精神和素养上。因此，我们要大力弘扬教育家精神，牢记为党育人、为国育才的初心使命，树立"躬耕教坛、强国有我"的志向抱负，为培养能担当民族复兴重任的时代新人作出新的更大的贡献。因此，我们要深刻领会大力弘扬教育家精神的战略意义，获取教育改革发展的新动能。

二、准确把握教育家精神的丰富内涵

凝练教育家精神在我国教育史上是第一次，所凝练的六个精神特征及其要义更是史无前例。教育家精神的凝练与阐释既要立足实践，又要遵循原理并创生理论；既要回望历史，又要着眼现在，还要前瞻未来；既要列出要义，又要有内在的逻辑关联，形成结构，这是很艰难的。习近平总书记对教育家精神进行高度凝练，并作精确定位和深刻阐释，是习近平新时代中国特色社会主义思想在教育领域的充分体现，也给了我们一种方法论。

在理解、把握中，我们有个问题首先要厘清，那就是何谓精神，又何谓精神力量。精神是与物质相对的一个哲学范畴。唯物主义把精神看作是物质的最高产物，并且对物质具有能动的反作用，显然，精神是对物质的超越。而精神力量是指人的思想意识、思维活力、心理状态中产生的自信、自立、自强的激情和创造力，以及积极自觉的意志和毅力。因此，精神、精神力量关涉理想信念、道德品质、情感态度、行为能力等，是一个整体性概念，是一个价值判断、选择、引领的过程。

教育家精神的内涵由六个方面呈现：理想信念、道德情操、育人智慧、躬耕态度、仁爱之心、弘道追求。这六个方面编织了中国教育家精神图谱，描绘了教育家的精神面貌，凸显了教育家精神的特质与要义，一个个鲜活而具有深沉精神的教育家形象呈现在我们面前，他们具有完善的人格、丰富的精神世界、高尚的灵魂和育人的智慧。

以上教育家精神六个方面的精神品格中，有一个总的精神统领，那就是全面贯彻党的教育方针，潜心教书育人、培根铸魂，持续为国家培养德智体美劳全面发展的社会主义建设者和接班人，造就更多可堪大用、能担重任的栋梁之材。在这个总的精神统领之下，习近平总书记将教育家精神的特征从不同方面加以阐释，并突出了要义。"心有大我、至诚报国的理想信念"，突出立德树人，旨在胸怀"国之大者"，落实教育的根本任务；"言为士则、行为世范的道德情操"，突出"经师"和"人师"的相统一，旨在做新时代"大先生"；"启智润心、因材施教的育人智慧"，突出因材施教的传承与创造性发展，旨在让每个学生都有人生出彩的机会；"勤学笃行、求是创新的躬耕态度"，突出教书育人的品格和作风，旨在成为终身学习的践行者；"乐教爱生、甘于奉献的仁爱之心"，突出道德与情感发展，旨在书写教师的教育人生；"胸怀天下、以文化人的弘道追求"，突出以文化人之弘道，旨在弘扬人类共同价值。六个方面形成了这样的逻辑关联：落实立德树人根本任务—努力成为大先生—大先生必须有智慧，让学生的人生有出彩的机会—因此，教师一定要成为终身学习的践行者—这样的践行者才会书写自己的教育人生—最终要有大胸怀，成为人类共同价值的弘道者。

不难看出，教育家精神的凝练与阐释，具有鲜明的特色。其一，中国教育家精神具有中国特色。从用词来看，至诚报国、言为士则、行为世范、因材施教、勤学笃行、乐教爱生、仁爱之心、弘道追求等，满含着中华文化的意蕴，用词精当，含义精深。从表述方式看，都是成语或格言，形成特有的节奏，彰显了整体之美，透射了丰厚的文化意蕴，更为重要的是，中国教育家精神是在中华优秀文化中"生长"出来的。其二，教育家精神具有教育的独特性。教育家精神以育人为核心，六个方面的特征及要义紧紧围绕立德树人展开，并以此来表述教育家的精神标识。这一独特性突出了人的精神力量，凸显了育人的智慧和境界。其三，教育家精神具有开放的大胸怀、大格局。教育家要扎根大地，在希望的田野里绽放中国教育高质量发展之花。同时，中国教育家还应有天下情怀，对世界发展、人类命运有着深刻的关切，因为教育是人类共同的事业，教育要对世界发展作出贡献。

认识是行动的先导，把握了教育家精神的特征、要义和特点，我们才会积极自觉地去弘扬。

三、积极弘扬教育家精神，培养更多优秀教师

教育家精神是属于教育家的，也是属于所有教师的；教师不能都成为教育家，但所有教师都应践行教育家精神，像教育家那样做教师。唯有如此，才能逐步实现大力弘扬教育家精神的根本目标：深刻领会习近平总书记重要指示和党的二十大精神，健全中国特色教师教育体系，培养更多优秀教师，提升教书育人能力，促进教育高质量发展，为加快建设教育强国、实现中华民族伟大复兴提供有力支撑。所以，凝练、阐释教育家精神具有战略意义，弘扬、践行教育家精神同样具有战略意义，而且具有重要的现实意义。

弘扬、践行教育家精神应当有整体规划与系统设计，要把握好核心领域和关键环节，采取切实行动，有序并有力推进。

一是要把握好教师发展中几个要求之间的关系。习近平总书记对教师提出殷切希望，作出一系列重要指示。2014年，习近平总书记考察北京师范大学时勉励广大教师做"四有"

好老师：有理想信念、有道德情操、有扎实学识、有仁爱之心。2016 年，习近平总书记在北京市八一学校考察时又寄语广大教师要做学生发展的"四个引路人"：做学生锤炼品格的引路人，做学生学习知识的引路人，做学生创新思维的引路人，做学生奉献祖国的引路人。2021 年考察清华大学时，强调"教师要成为'大先生'，做学生为学、为事、为人的示范，促进学生成长为全面发展的人"。习近平总书记的一系列殷殷嘱托我们铭记于心，并外化为具体行动。

"四有"好老师、"四个引路人"、新时代的"大先生"、弘扬教育家精神，这些指示和要求之间是什么关系呢？首先，这是对所有教师提出的共同要求。无论"四有"好老师、"四个引路人"，还是新时代"大先生"的要求，都是对全体教师的期待。大力弘扬教育家精神，重点在弘扬，即所有教师都要弘扬，绝不限于少数优秀教师。这样才能从整体上提高教师素质，加强教师队伍建设。其次，这些共同要求的总目标指向做新时代"大先生"。一方面，"四有"好老师、"四个引路人"是新时代"大先生"的内涵，是做"大先生"的具体要求。从某一角度看，其中，"四有"好老师是目标，而"四个引路人"则是"四有"好老师的实现路径及其具体要求。另一方面，教育家精神又从精神层面揭示并阐释了新时代"大先生"的特质，也就是精神境界上的要求，呼应着新时代的奋斗精神、奉献精神、创造精神。无论

"四有"好老师还是"四个引路人",都要高度重视精神境界的提升与人格的塑造。

二是大力弘扬教育家精神,一定要坚守以文化人的弘道追求,践行价值观教育。中国教育家扎根中国大地,在中华优秀传统文化中汲取营养成长,教育家身上烙下了中华文化的光辉印记。同时,教育家又为中华优秀传统文化的创造性转化和创新性发展作出了探索和贡献。习近平总书记对中华文明的突出特点作了概括和凝练,即连续性、创新性、统一性、包容性、和平性,而中国式现代化,深深根植于中华优秀传统文化,同时面临着构建人类文明新形态的新任务,我们应肩负起这一使命。文化的核心是价值观,文化的进步实质是价值观的进步。因此,以文化人应以价值观教育为核心,在教育中培育和践行社会主义核心价值观,扣好人生第一粒扣子。教师首先要扣好人生扣子,澄清自己的价值观,用正确价值观引领自己的成长。同时,还要以弘道为己任,胸怀天下,关心世界的进步,弘扬全人类共同价值,这是对教育的新挑战、新要求。大力弘扬教育家精神,教育一定要为构建人类命运共同体作出新探索、新贡献。

三是要躬耕教坛,站好讲台,聚焦未来人才自主培养质量的提高。强国有我,我们的责任是推动教育高质量发展,而教育高质量发展的本质是全面发展的育人高质量。人才强国战略下的育人高质量,必定要提高未来人才自主培养的质量。聚焦未来人才自主培养质量，必须坚持德智体美劳全面发展，坚持人才观下的学生拔尖创新人才早期培养的科学探索，坚持未来观下的学生未来发展的深刻思考。大力弘扬教育家精神，重点是在校园、在课堂、在学生的创造性学习中构建更高水平的因材施教，彰显中国教育智慧，勤学笃行、求是创新等，需要我们扎扎实实去行动，可以说，无行动便无精神可言。让我们用行动去大力弘扬教育家精神，言为士则，行为世范，让教育家精神弘扬在立德树人的全领域、全过程中，让精神之光照亮中国教育的天空，照亮我们的心灵。

教育家精神谱系：
照亮教育的天空

中国共产党一贯重视精神力量，并在长期奋斗中建构起中国共产党人的精神谱系。在中国式现代化建设中，要回答时代之问、未来之问，我们一定要深入学习习近平总书记关于精神力量的重要论述，坚守共产党人的精神追求，挺起共产党人的精神脊梁，开辟新领域、新赛道，开启新征程。

精神力量也是教育家成长的动因和标识。教育家也在长期的奋斗中，构建了教育家的精神谱系。在教育高质量发展的今天，一定要牢记习近平总书记的指示，梳理教育家的精神谱系，弘扬教育家的精神，让精神力量闪亮起来，回应并落实民族精神和时代精神，努力做新时代"大先生"，投身中国式教育现代化建设，将立德树人根本任务落实在教育教学全领域全过程，以培养担当民族复兴大任的时代新人为己任，为中国特色社会主义建设提供基础性支撑。

　　弘扬教育家精神，铸造新时代教师精神力量，首先要厘清教育家精神力量的内涵及特质。人，要站立起来。靠什么站起来？应该是人的精神。精神力量关乎国家和民族。有学者对精神力量这一概念作了界定："精神力量是指人的思想意识、思维活动、心理状态中产生的自信、自立、自强的激情和活力，以及自控、自律、自觉的意志和毅力。"这些论述或描述，揭示了精神或精神力量的内涵、特质及其与有关概念之间的关系。

　　当然，我们也不必拘泥于概念的界定，其实，我们完全可以意会精神或精神力量的内涵，也能自如地运用。习近平总书记多次提到井冈山精神、长征精神、延安精神、雷锋精神、焦裕禄精神、红旗渠精神……这些精神都是具体的、鲜活的、可感知的、可触摸的，仿佛一幅幅动人心魄的画卷，浮现在我们眼前。精神与人不可分离，与人的活动和作为分不开，教育家精神生动、具体地体现在教育家身上。我们可以从教育家身上发现教育家精神，一个个教育家的精神力量编织成了教育家的精神谱系。

　　一、"叫醒中国"与"中国麦种"：爱国是教育家精神的灵魂

　　马相伯，复旦大学、向明中学等学校的创始人兼首任校长，是蔡元培、于右任、邵力子、黄炎培、李叔同、陈寅恪

等著名人士的老师，被称为"教育家的教育家"。马相伯漫长的一生跨越了帝制和民国两个时代，他的人生也和中国的近现代历史一样波澜壮阔。他一心为教育，办学校，为国家培养人才。他曾说："我是一只狗，只会叫，叫了一百年，还没有把中国叫醒。"确实如此，马相伯曾经有过惊世骇俗之举——把自己在松江、青浦等地的田产共计三千亩全部捐献出来，办学兴学。有人表示怀疑，他特立下字据，并在字据上补写八个字："自献之后，永不反悔。"他认为这是他晚年办学兴学的沉舟之举。尽管没有把中国"叫醒"，但他真的叫了，而且叫了一辈子。马相伯的"叫"其实是用自身行动来唤醒，他的"叫醒中国"是教育家的伟大精神。1939年，马相伯迎来百岁诞辰，中共中央的致电是："国家之光，人类之瑞。"这八个字凝练了马相伯的爱国精神之崇高、伟大：国家之光，熠熠生辉；人类之瑞，教育家精神是人类精神的灵魂，召唤人民，开启教育救国征程。至今，我们的耳畔仍能响起马相伯的演讲词："读书不忘救国，救国不忘读书。"爱国，是所有教育家精神的灵魂，马相伯是杰出代表。

我们还自然想起陈鹤琴。一百年前，陈鹤琴创建了中国第一所实验幼稚园——鼓楼幼稚园。当时他的办学宗旨就是走中国化、科学化、大众化幼教之路。他确定的培养目标是："做人，做中国人，做现代中国人。"他对"福禄培尔、蒙台梭利等人的西方主要幼儿教育思想进行了深入的分析，既发现其优势，也指出其不足，言之成理，以理服人，教导人们不要盲从"。陈鹤琴认为，幼儿教育的研究，关注国情是主要的原则，只有结合国情，才能产生科学和有效的教育。他还说："我们办幼稚教育就是要大田种麦……但你知道大田种麦需要麦种，这麦种从哪里来？当然也可以向外国去买。但从外国买来的麦种能适应中国的土壤和气候吗？我办鼓楼幼稚园就是要实现为大田提供中国麦种这个目的。"中国化、中国人、中国国情、中国大麦田、中国麦种……中国，装在他的胸中，为了中国麦种，他说自己是骆驼，驮着学生走过沙漠，走向绿洲；自己是狮子，勇猛、坚韧，克服一切艰难困苦；自己又是孩子，具有无穷的想象力、创造力。陈鹤琴像骆驼、像狮子、像婴孩，依据哲学家尼采的理念来说，这就是达到了人生最完美的境界，不愧是"中国幼教之父"。

习近平总书记强调，爱国主义始终是中华民族坚强团结在一起的精神力量。以爱国主义为核心的伟大民族精神，深深熔铸在我们的民族意识、民族品格、民族气质之中，熔铸在我们民族的生命力、凝聚力、创造力之中。教育家的爱国主义精神影响着一代又一代中华儿女，用我们的血肉筑成了我们新的长城。

二、独立人格，自由思想：风骨是教育家精神的脊梁

孟子曾提出"大丈夫精神"："富贵不能淫，贫贱不能移，威武不能屈。"教育家正是孟子所称的"大丈夫"，具有"大丈夫精神"。"大丈夫"成了教育家的别称，"大丈夫精神"成为教育家的风骨。风骨，充分体现了教育家的骨气，这样的骨气映射的是中华民族的志气、豪气、底气和不可动摇的钢铁般的信念与意志。

陈寅恪先生是一位有风骨的教育家。他给中国知识分子和教育家留了一份珍贵的历史底稿。这份历史底稿的主题是"独立之精神、自由之思想"。他曾经这么说："唯此独立之精神，自由之思想，历千万祀，与天壤而同久，共三光而永光。"这是陈寅恪为好友王国维写的铭文，实则是陈寅恪的"夫子之道"，是教育家风骨丰厚内涵的高度凝练，光照万年，不朽永存。1941 年，太平洋战争爆发，日本占领香港，陈寅恪立即辞职赋闲。战时的香港物资匮乏，即使是教授，生活也十分困难。有一次宪兵队上门"慰问"，士兵把一袋上好的面粉送到陈寅恪家中，陈寅恪和他夫人硬生生地把那袋面粉推出了门。1942 年，日本侵略者占领上海，为了粉饰时局，专门派人上门拜访陈寅恪，请他出山授课，陈寅恪坚决回绝。中国知识分子绝不会为侵略者做一件事，哪怕是一点点，一心只为祖国学术才会展现风骨之神力。独立之精

神、自由之思想，正是中国人应有的气节，刚正不阿，重的是中国知识分子的气节，重的是教育家的尊严。没有风骨，何来的教育家？又何来的风格？风骨是教育家的精神脊梁。

"独立之精神，自由之思想"，也是教育家的学术思想和品格的坚守。陈寅恪说："结社之首要在于有共同的崇高理想，有此精神才能团结巩固，成就事业，造福于民。"他又指出："学说有错误，这是可以商量的……我的学说也有错误，也可以商量。个人之间的争吵，不必芥蒂。我、你都应该如此。"学者的争吵，为的是学术思想的独立，学术问题的商量，乃是谦逊的学术美德和深度的自由。他还说："独立精神和自由意志是必须争的，且须以生死力争。""以生死力争"，是对"独立之精神，自由之思想"这一学术风骨的争取和捍卫。"独立之精神，自由之思想"不只表现为个人的学术尊严，而且内蕴着学术品格的谦逊、相互包容的胸怀。教育家告诉我们，虚怀若谷才会有真正的精神独立和思想自由。教育家永远处在积极而紧张的思想生活中，这锻造了教育家的风骨，而风骨让教育家挺起了精神脊梁，维护的绝不是个人的利益，而是用精神和思想让我们、让世界看到了中华民族的伟大正面。

三、"捧着一颗心来，不带半根草去"：奉献是教育家精神的人生境界

陶行知有着鲜明的教育家精神标识："人生为一大事来，

做一大事去。""捧着一颗心来，不带半根草去。"他的精神在"来去"之间。一来一去，来来去去，想的都是教育，为的都是孩子，将国家民族装在心里。我们称他的精神是"来去精神"，"来去精神"实质是奉献精神。奉献，是教育家的道德人格，是教育家的人生境界。

教育家把自己奉献给孩子。陶行知"爱满天下"，而他对学生最深刻的爱是"千教万教教人求真，千学万学学做真人"，培养学生的创造精神。他在《创造宣言》中说，教育者所要创造的是真善美的活人……先生创造学生，学生也创造先生，学生与先生合作而创造值得彼此崇拜之活人。他竭力呼吁："处处是创造之地，天天是创造之时，人人是创造之人……"他的学生汪达之，在他的精神感召、鼓舞下，组织、带领新安旅行团在全国各地宣传中国共产党的抗日救国主张，历经17年之久，行程2.5万多公里，足迹遍及今天的22个省区市。从淮安出发时只有14名学生，后来逐步发展到600多名团员。他们宣传抗日救亡，投身解放战争，并参与新中国建设。陶行知赞誉他们是"划分新时代"的"伟大宝藏"，"一群小好汉，保卫大武汉"。新安旅行团是陶行知、汪达之这两位教育家奉献给孩子们最珍贵的人生礼物，而孩子们用自己的行动"奉献"了又一"少年中国说"，共同唱响了奉献之歌。

教育家把自己奉献给教师。"大学、大楼、大师"之关系说，正是梅贻琦对教师、大师价值最通俗又最深刻的描述，也是对教师、对大师最根本的尊重。他常说："校长的任务就是给教授搬搬椅子，端端茶水。"他治校的策略就是三个字——"吾从众"。这个"众"，主要指的是教授。梅贻琦的"大师之谓"，邀来、引来了一大批知名学者、科学大家云集清华大学，后来又影响了西南联合大学。大师们心情舒畅，人格独立，无问西东，一心为清华效力，为祖国效力；把自己奉献给教师，无问自己，献给中华民族。这就是教育家精神，是崇高的道德品格，闪耀着灵魂之光。

教育家把自己奉献给学校。竺可桢是把自己奉献给学校的楷模。抗战时期，北京大学、清华大学、南开大学三所大学搬迁到昆明，合并为西南联合大学。竺可桢想的是：浙江大学该怎么办？在竺可桢的带领下，浙江大学自浙西天目山、建德到赣中吉安、泰和，又从赣中吉安到桂北宜山到黔北遵义，四次迁徙，行走了3500公里，历尽千山万水、艰难险阻，吃尽千辛万苦。就在长达两年的迁徙中，竺可桢的妻子和一个儿子都生病离世，他遭受沉痛的打击，可他用自己的双肩、双手和双脚，保存并发展了浙江大学。也许这正是竺可桢所大力倡导、执着坚守的"求是"校训的集中体现。今日之浙江大学，为党育人，为国育才，与竺可桢舍己家、为大家、为国家的奉献精神和道德品格分不开。

教育家把自己献给孩子、献给教师、献给学校，就是把自己献给祖国。教育家的人生经历，让我们感慨万千，敬佩不已；教育家的人生境界，我们虽不能至，却心向往之，高山仰止，努力不息，进步不止。

四、"三军可夺帅也，匹夫不可夺志也"：大志向、大学识是教育家精神的专业标识

梁漱溟在"文化大革命"中受到批判，当有人问他的感想时，他脱口而出："三军可夺帅也，匹夫不可夺志也。"铿锵有力，可谓响彻天宇，表达了他的信仰、志向、抱负、意志，以及对自己理想与使命的矢志不渝。他认为自己只是一介匹夫，普通、平常不过，却不失匹夫之志。其实，他是教育家，是大家，"可夺帅、不可夺志"同时也道出了他的宏大志向、深厚学养与对学术价值的坚信不疑、坚定不移。所有教育家都有自己的专业，表现出专业精神的坚定、专业学术的深邃、专业品格不可改变的信心和决心。

梁漱溟的专业精神集中表现为对平民的悲悯，对乡村教育的大情怀。有一天，他在大街上行走，看到一位白发老人十分吃力地拉着人力车艰难前行，体力不支，但坐车的人凶狠地催促老人快跑。老人又怕又急，重重地跌倒在地，嘴里流出了鲜血，连胡子都被染红了。梁漱溟当时眼里也掉出泪来。从此以后，他再也没有坐过人力三轮车。正是这样的悲悯情怀、恻隐之心让他生出了投身乡村运动的大志向、大情

怀。在梁漱溟波澜壮阔、曲折丰富的人生中，唯有乡村运动使他的人生理想得以真正实现，因为他一直努力构建宏大的社会改造实验场，推动他的乡村建设思想的落地。在那个年代，他的思想与社会设计是不能实现的，但他的大情怀、大思想、大设计，无不体现了他的专业志向。

同样，晏阳初也充满着真挚的平民情怀。当年晏阳初考察了农村，总结出中国农民的四种病症，他决心用"四力"治"四病"，并且一步一步使自己农民化。晏阳初与家人用英语对话，但与农民交流时，却用地道的当地土话。这既说明他才学高、语言能力强，更体现他的心贴在农民心上。中国那么大，中国农民那么多，中国农村那么广，农村教育又那么落后，正是晏阳初的坚定信念和专业品格感动了许多中国有识之士，一批留洋博士、大学生也和晏阳初一样，奋斗在乡村教育第一线。看如今，新时代的新乡村建设取得了历史性的进步，不能不说当年教育家对乡村教育实验的影响是深远的。

说到专业学识，我们权且不说梁启超，不说蔡元培，也不说张伯苓，先说说吕凤子、叶圣陶。吕凤子被称为"江南才子"，有艺术家和艺术教育家的美誉。他说："生的法则为真，生的意志为善，生的状态为美"。他又说，"美在异，美在一切生的谐和幻变"。他创办的正则艺专所立的校训便是"爱与美"，将学校推向最高的审美境界。叶圣陶是作家、出版家、语文教育家，可谓才学丰厚，但他一直耕耘在语文教育的田野里，又深深影响着整个教育界。他提出，"小学教育的意义，概括起来，便是使儿童在行为上得到新的人生观"，他的"教是为了不教"道出了教学的本质与境界。语文教育家吕叔湘对叶圣陶有个评价："……前后 60 多年，对于这半个多世纪里我国语文教育工作中的利弊得失知道得深切详明。"茅盾则说："彩笔焕发，规模阔大，有胜于圣陶的，但圣陶的朴素谨严的作风，及其敦厚诚挚的情感，自有不可及处。"

教育家有大志向、大情怀，但志向、情怀绝不是空洞无物，相反，是有着大学识、大本领支撑的，教育家精神理所当然不可或缺专业学识与本领。教育家应是大学问家，才情横溢，学养深厚，思想飞扬，对于他们而言，将帅可以换人，但专注于学识专业的"匹夫之志"始终夺不走，因为这已成为教育家专业精神与能力的标杆与标识。

五、创建中国自己的教育学：实验与创造是教育家精神的内核

教育家精神有其魂脉，也有其根脉，绵延至今，影响当代。当代教育家们扎根在中国大地，结合中国国情，致力于教育实验，开创教育的新格局，构建教育的新形态，将立德树人根本任务落实在教育的各领域、全过程，推动教育高质

量发展，为中国式教育现代化的实现贡献自己的聪明才智。

顾明远先生，躬耕大中小学教育，他以浓厚的使命感与敏锐的思想深思中国教育改革之路，创立"以学生为主体"的学说，提出"没有爱就没有教育，没有兴趣就没有学习。教书育人在细微处，学生成长在活动中"的格言，成为中国教师的教育信条。顾明远先生道德优美，学术纯粹，推动了全国基础教育改革，他以自己的学术力量成为教育大师，成为教育家精神的典范。

朱永新教授，有着崇高的理想抱负，为中国未来教育探路，创立具有中国特色的新教育，倡导师生过一种幸福完整的教育生活；新教育提出教师的精神生命这个概念，让教师成为素质教育的主人和创造者；新教育构建十大行动，突破关键因子，让素质教育落地生根；新教育用中国美学精神照耀，始终面向实践，面向未来，让广大中小学学生健康成长，又在回归与变革相统一中，构建实践哲学。朱永新教授获得了国际教育大奖——一丹奖，为中国教育赢得荣誉。

李吉林老师，这位从小学里走出来的儿童教育家，深植中华优秀文化，瞭望世界，探寻教育教学原理，创立中国特色的情境教育，构建中国儿童情境学习范式。她潜心教育实验，从情境教学到情境教育，从情境课程到情境学习，一步步走来，步步踏实，步步进步。她像竞走运动员一样走得又快又好，像跳高运动员一样不断向上、突破超越。她创立的学说——情境教育——可概括出"真、美、情、思"4个特点，以思维为核心，以情感为纽带，以美为境界，以周围生活为源泉……李吉林的著作被翻译成英文、德文，在国际上产生影响，受到学界的赞誉。李吉林以她的改革行动引发我们的思考：中国课程改革、教育改革要回到实验，用实验创立中国自己的教育学、教学论。

斯霞老师创立童心母爱教育思想，探寻儿童教育规律，让童心与母爱相遇，生成创新精神，促进儿童实现创造性成长；用随课文识字法推动小学语文教学体系的构建，促使语文教学发生根本变革。斯霞老师是杰出的育苗人。

人民教育家于漪老师，永远怀揣"对民族负责"的校训，一辈子做教师，一辈子学做教师；她站在课堂里，一只肩膀挑着学生的现在，另一只肩膀挑着民族的未来，使命感让她一走上讲台生命就开始歌唱。她说，让有信仰的人讲信仰，教书是手段，育人才是目的，学科育人、教学育人在她的课堂里真正得以实现与生动呈现。

教育家精神谱系是由教育家精神编织而成的，一位位教育家，就是一个个教师的精神标杆。今天，我们弘扬教育家精神，要大力开发教育家的精神基因，补精神之钙，续新时代教育家精神谱系，做中国立德树人好教师，努力成为新时代的"大先生"。

教育家精神蕴含的
原理性、规律性

习近平总书记凝练的教育家精神以及对弘扬教育家精神的阐释，具有战略意义和深远影响。这既是一个操作性很强的实践问题，又是一个充满学理性的理论问题。只有探寻其科学性，并将理论与实践结合起来，遵循教育规律，才能实现弘扬教育家精神的根本目的，真正引领教师的深度发展，为建设教育强国提供人才支撑。

一、教育家精神所蕴含的教育原理性探讨

弘扬教育家精神，可以为教师队伍建设和教育改革发展提供基本概念、基本规律，进而提供基本保证。这可以称得上是具有"第一性原理"的重大命题。所谓"第一性原理"，指的是一个理性系统构建中处于前提与基石的理论，它具有在先性。弘扬教育家精神正是具有这种重要的价值与功能，

即为教育改革提供基本概念和基本规律。对此，我们可以从以下几个视角进行讨论。

其一，从教育家存在的意义看。 教育家是一种极高的荣耀，但教育家不只是意味着自己。马克思论述人存在的意义时指出，人，意味着人的世界，意味着国家，意味着社会。教育家更是意味着国家，意味着中华民族伟大复兴弘道追求的担当。显然，弘扬教育家精神，凸显了教育家的使命，彰显了教育要通过弘扬教育家精神，为中国特色社会主义提供人才支撑。"第一性原理"通过教育家精神凸显出来了。

其二，从精神价值看。 教育家之所以能成为教育家是因为具有教育家精神。人是要有点精神的。尽管精神不能代替物质，但正是精神让人具有超越性。弘扬教育家精神，为教师，也为学生塑造灵魂，让我们挺起中华民族的脊梁。有精神的人才能有卓越的灵魂，才能成为担当民族复兴大任的时代新人。毋庸置疑，教育家精神是教师发展的前提与基石，为教育强国建设提供精神指引，是"第一性原理"的体现。

其三，从教育家的情怀看。 对于教育家有一种阐释："教育家以教育为家""以国为家"。这是一种隐喻。这一隐喻道出了教育家的大情怀，也道出一种深意，即教育家要以教育为"家"，离开了教育也就无教育家可言，教育之"家"是教育家成长的根基与沃土。教师也要以教育为"家"，只有对教育、对学生有深深的爱，才会担负起教育的责任与使命。爱是教育家精神内涵的应有之义，为教师队伍建设，为教育强国建设铺设了精神之维。

以上三个方面聚焦使命、精神和情怀，对教育教学改革，对教师的成长，尤其是对教育强国建设来说，都是基础与基石，蕴含着"第一性原理"。而这正揭示了弘扬教育家精神这一命题的科学性和专业性，也正是"第一性原理"才会抵达教育的本质与核心，由此，也揭示了教育的基本规律。

二、教育家精神所蕴含的教育规律性探讨

（一）教育家精神揭示并彰显了教师发展、未来人才成长的规律

教育家精神有六大要素，形成了六大特征，凸显了六大要义：心有大我、至诚报国的理想信念，言为士则、行为世范的道德情操，启智润心、因材施教的育人智慧，勤学笃行、求是创新的躬耕态度，乐教爱生、甘于奉献的仁爱之心，胸怀天下、以文化人的弘道追求。这六个方面阐释了教育家精神的科学内涵，谱写了教育家的精神图谱，展现了中国特有的教育家精神。换个角度看，这六个方面也正是优秀教师发展、未来人才成长的必备素养，召唤着所有教师在教育教学改革中培育教育家精神。值得注意的是，这六个方面有着内在的逻辑关联：理想信念是人才成长的政治灵魂，具有鲜明的方向性；道德情操是人才成长的必备品格，具有道

德引领性；育人智慧是教师的根本要求，具有鲜明的专业性；躬耕态度是人才成长的基本要求，求是创新是人才成长的不竭动力，具有基本遵循性；仁爱之心是人才成长的崇高情怀，具有激发性；弘道追求是人才成长的宏大格局，具有大气象。六个方面是一个充满生命活力的有机体，紧密相连、积极互动，是科学构建的成果。

透过这一精辟的描述，可以发现人才成长的规律。一是揭示了优秀教师发展、人才成长的整体性。人是一个整体，教师更应是一个整体性存在，因为他的天职是要以整体性人格、完整的精神图谱培养德智体美劳全面发展的人。精神的整体培育是人才成长的规律。二是揭示了优秀教师发展、人才成长的挑战性。优秀教师、未来人才是在挑战中成长起来的，要经历诸多的锤炼和刻苦的锻造，要达到六个方面的要求非常不易，每走一步都是一种磨砺，都是对困难的战胜。"衣带渐宽终不悔，为伊消得人憔悴"，生动描述了人才成长的不易性，折射出人才成长的规律和要求。三是揭示了优秀教师发展、人才成长的真实性。古训中的"修辞立其诚"，说的是真实与真诚，做到三个一致：表里一致、言行一致、名实一致。"立其诚"也告诫我们，优秀教师发展、人才成长一定要克服浮躁之气、浮夸之风、浮华之弊。这同样映射出人才成长的规律和要求。当然，需要指出的是，这些要素和特征，绝不是让优秀教师，让未来人才完美无缺，也绝不是让他们失去个性和风格，而是恰恰体现了关于风格的独特性，以及风格的深刻性。

（二）教育家精神揭示并彰显了教师精神培育的规律

人是精神劳动者，而精神让人有了存在的价值与尊严，精神让人有了志气、骨气和底气；精神又是人发展的动力，人是凭借精神力量发展起来的，而精神的萎靡以至萎缩将会让人失去前行的力量，丧失人存在的意义。归结起来，弘扬教育家精神是为了推动人意义的生成，推动人在价值尊严中生活，让教师真正成为精神劳动者、真正成为思想劳动者。

常识已告诉我们，精神是需要培育的，教育家精神的凝练与阐释，透射出教师精神培育的规律与特点。

其一，要关注精神内涵的原本丰富性。精神是人们在改造世界的社会实践活动中产生、发展的，它附着在人们生活的方方面面，也必然与生活的各个方面产生积极的意义关联，因而其内涵具有丰富性，除与物质相区别，其内涵的边界并不十分"坚硬"。教育家精神的六大要素实质上展开了教育家开阔的生活图景，也展示了教育家生活中的精神面貌，包括思想意识、思想活力、心理状态中产生的自信、自立、自强的激情和创造力，也包括积极自觉的意志和毅力，是理想信念、道德品质、情感态度、行为能力的综合。因此，弘扬教育家精神要进行整体性培育，在人的全面发展中展开。

其二，要关注精神培育与文化的关系。精神培育意味着文化的进步。恩格斯指出，文化的每一次进步都让我们向自由迈进一步。向自由迈进，应是精神的提升。我们更要关注中国教育家精神与中华文化的关系。中国教育家精神根植于中华优秀传统文化之中，文化是精神之源，精神是文化的内核，文化的力量最终凝结为精神力量。教育家精神的六大要素展现了中华文化的突出特点，也是中国教育家精神的独特性。弘扬教育家精神一定要着力于中华优秀传统文化的传承，着力于社会主义核心价值观的培育与践行。

其三，要关注精神培育与社会实践的关系。精神不是虚无缥缈的，更不是无中生有的，而是在实践中锻造出来的。教师的实践是立德树人根本任务的落实，是日常的教育教学工作，这是希望的田野，是充满着创造性的实践。我们不难得出一个结论：弘扬教育家精神要在日常生活中进行。

以上对两个方面规律的讨论，为教育规律的探寻与把握奠定了基础，教育规律要体现在人才成长规律与精神培育规律中，教育规律要对人才成长规律与精神培育规律进行整合，并推动优秀教师和未来人才的成长，而规律性又离不开教育的原理性。教育家精神所蕴含的教育原理性、规律性为教育改革和教育强国建设提供了价值导向和理论支撑，正因如此，教育家精神才充分体现了科学性和专业性，才具有持久性和深刻性，具有伟大的精神力量。

高质量发展观：培养比我们这一代更优秀的人才

教育高质量发展是中国式教育现代化建设的首要任务，是教育改革发展的总主题，也是教育改革发展的本质要求，更是我们的生命线。所有教育人都要为之不懈努力，准确把握，深入研究，不断探索，贡献我们的智慧和力量。

教育高质量发展的目的是建设教育强国。在教育强国建设方面，我们已取得了重大进展，也还存在一些问题，如人才供给还不够适配、优秀人才培养仍然不足。面对这些问题，我们必须开辟新领域、新赛道，寻找新思路、新策略。

教育强国建设要用教育高质量发展去支撑。这里有个前提性问题需要讨论，即何为高质量。这就涉及教育质量观问题。质量观的实质是价值判断和价值实现，教育质量是指育人价值，高质量说到底是育人的高质量。随着中国式教育现代化建设的深入推进，面对世界百年未有之大变局，质量观的内涵肯定会发生一些调整和变化，这就需要我们用新的视域去审视，从而对质量观有更完整、更深刻的认知和更准确的把握。

其一是全面发展的质量观。这是由党的教育方针决定的，我们必须坚守。全面发展涉及"五育并举""五育融合"，实现"五育融合"的前提是"五育并举"。"五育并举"不是"五育并列"，而是以德为先；"五育并举"的真正价值在于充分开发"五育"中每一个"育"的独特价值，促使学生全面发展。比如原先针对性、实效性不强的德育，比如原先相对薄弱的劳动教育，比如原先没有到位的体育，以及把握不准确、不全面的美育，我们应该加强这些方面。唯此，学生才会收获更多的发展机会，实现全面发展，打下扎实的基础，为今后发展提供多种可能。

其二是人才强国战略下的质量观。中国要用创新来驱动发展，而创新驱动发展的实质是人才驱动。人才是第一资源，人才为中国特色社会主义建设提供基础性、战略性支撑。这就涉及拔尖创新人才培养问题。拔尖创新人才在哪里？在现在的校园里，在当下的课堂里，在正在学习的学生群体中。他们是怎么学习和成长的，关乎到将来他们能不能真正成人成才。因此，我们应当把坐在课堂里的每一个学生当作未来的人才去培养，引导他们为担当起中华民族伟大复兴的重任奠定基础。

其三是未来观下的质量观。我们正向着未来挺进，未来需要我们用大脑和双手去创造；未来充满着不确定性，教育是从确定性的群岛出发，在不确定的海面航行，随时准备迎接风浪和风险；未来是数字化时代，人工智能将一直伴随着我们，带来复杂关系，尤其是人机关系。……这一切都在考验着教育，考验着教师。我们需要为未来培养什么样的人才？这个问题盘旋在很多教师的脑海里，他们也在各种教育实践中摸索着。质量已向我们发起了挑战，我们必须做好迎接的准备。

以上三个视域整合在一起，可以提炼出一个重大命题：我们都很优秀，但是，我们必须培养比我们这一代更优秀的人才。如此，中华民族才能薪火相传，江山代有才人出，伟大复兴指日可待。这是我们坚信不疑的理想，也是我们坚定不移的行动。

值得注意的是，美国哈佛大学教授哈瑞·刘易斯在他的著作《失去灵魂的卓越》里，尖锐指出，哈佛学子已不知道知识的价值，社会责任担当的意识与能力正在逐步丧失。他在中文版序言里提出了同样的问题。

这是一个警示，中国教育有信心，培根铸魂，培养学生成为有理想、有本领、有担当的社会主义建设者和接班人，让学生从优秀走向卓越，"失去灵魂的卓越"绝不会让它在中国发生。

培养比我们这一代更优秀的人才，是最为深层次的质量观。我们欣喜地看到，教育家精神照亮了教育高质量发展之路。

为推动特殊教育高质量发展
提供精神动力

扎实推动教育强国建设是党中央作出的战略决策、发出的时代召唤。教育强国建设，就是要以教育之力厚植人民幸福之本，以教育之强夯实国家富强之基，为全面推进中华民族伟大复兴提供有力支撑。我们应当为教育强国建设作出新的探索和贡献。

教育强国建设的重要任务和标志之一，就是要坚持把高质量发展作为各级各类教育的生命线，加快建设高质量教育体系。毋庸置疑，特殊教育是高质量教育体系中不可或缺的有机组成部分，没有特殊教育的高质量，教育体系是不完整的，整个教育的高质量发展也是不可能真正实现的。因此，我们应当将特殊教育的高质量发展放在特殊位置，力度要更大。对此，我们完全有信心。

党的十八大报告提出，要支持特殊教育；党的十九大报告提出，要办好特殊教育；党的二十大报告提出，要强化特殊教育普惠发展。从"支持"到"办好"再到"强化"特殊教育，体现了党和国家对特殊教育的关心、重视和发展特殊教育的决心；从"支持"到"办好"再到"强化"，特殊教育工作者肩负着特殊的使命。对此，我们也完全有决心。

我们所有的特殊教育工作者都见证了国家特殊教育事业的巨大变化。在南京，无论是聋人学校，还是盲人学校；无论是玄武区的，还是秦淮区的；无论是城区的，还是溧水农村的特教学校……在全国，同样如此。我和大家一起，见证了特殊教育教师的伟大付出。如今，他们又都行进在特殊教育高质量发展的新征程上，都用自己的行动印证了自己的决心，同时，也诠释了特殊教育高质量发展的重中之重，是教师队伍的高质量发展这一决策。对此，我们有着沉甸甸的使命感和扎实的行动实践。

教师是立教之本、兴教之源，是教育改革发展的第一资源。"强教必先强师"，这是特殊教育教师的荣耀更是责任。教师职业是崇高的，责任是重大的。特殊教育的高质量发展，不只是政府的责任，也历史地落在教师的肩头。事实正是如此，他们将建设教育强国的重任落实在办好每一所学校，上好每一堂课，教好每一个学生上，落实在自己日复一日年复一年的工作中，默默工作，甘于奉献。今天的新征程更要弘扬这种精神，其实，弘扬的是教育家精神。对此，我们有更宏大的价值愿景和不懈追求。

特殊教育是爱的事业，爱是弘扬教育家精神的核心要求，可以说，特殊教育择优要弘扬教育家精神；教育家精神在特殊教育教师身上体现得尤为充分，尤为生动，也尤为深刻；特殊教育教师以生动具体的行为透射了教育家精神。应该说，特殊教育教师站立在离教育家最近的地方。弘扬教育家精神是促进教师队伍高质量发展、落实立德树人根本任务的精神动力，也是特殊教育教师努力成为新时代"大先生"的精神表征。有这支闪耀教育家精神的教师队伍，特殊教育的高质量发展指日可待。对此，我们的期待是乐观的，也是坚定的。

所有的这一切，所有的"对此"，都是我们推动特殊教育高质量发展的庄严承诺。对此，我们是会践诺的。

第二辑

先生之风，山高水长：
讲述教育家的故事

新时代"大先生"之"大"

如果驻足西南联大旧址校门前，就会看到校门两旁大树高耸，校门静默，却发出厚重的声音："刚毅坚卓"。这是当年联大的校训，校训正是学校性格的凝练与呈现。梅贻琦、蒋梦麟、张伯苓三位联大常委的照片，儒雅中透出一份刚毅，双眼在沉思中，似是穿透了一切。听了三位教育家的故事就会情不自禁地发出慨叹：他们是"大先生"；先生之风，山高水长。是的，"所谓大学者，非谓有大楼之谓也，有大师之谓也"。大师，即"大先生"之谓，大学教授当做新时代的"大先生"。2020年，习近平总书记考察西南联大旧址时，引用梅贻琦这句话再次强调："教育要同国家之命运、民族之前途紧密联系起来……我们现在的教育目的，就是要培养社会主义建设者和接班人，培养有历史感、责任感、志存高远的时代新人，不负韶华，不负时代。"做新时代"大先生"，有着极为深远的意义。

　　"大先生"应当在于"大"。"大先生""大"在哪里？
"大"在学段之高？当然不是。大学教师要做"大先生"，中
小学教师也应该做"大先生"。因为，"大先生"之"大"，
在大情怀、大使命、大本领、大境界。大中小学教师应当有
大情怀——坚定的理想信念，深沉的爱国主义精神，真挚的
热爱学生的情感，"小我"融入"大我"，生命为祖国而澎湃
而歌唱；应该有大使命——将立德树人根本任务落实在教书
育人的全领域全过程，培养担当民族复兴大任的时代新人，
确保社会主义事业后继有人；应当有大本领——课程育人、
学科育人、教学育人、综合育人、实践育人，培养学生创新
精神、实践能力；应当有大境界——把未来刻在大脑中，把
创新注入心灵，"众里寻他千百度。蓦然回首，那人却在，
灯火阑珊处"。"大先生"之"大"，是中小学教师的自觉追
求，也是可以达至的大方向、大目标。

　　"大先生"之"大"，大在年龄与阅历？当然，答案也是
否定的。中小学教师做新时代"大先生"，往往与"小"自
然地联系在一起：小孩子。"大先生"要培养儿童。小孩不
小，儿童不小，他们有着巨大的可能性，他们是中国式现代
化建设的生力军、主力军，将是国家栋梁之材，是祖国的未
来、民族的希望。中小学教育是基础教育，基础教育不小，
基础越扎实，未来人才质量才越厚实；基础越宽广，未来
人才发展的前景才越宽阔。"大先生"之"大"与小学生之

"小"，形成思想的张力、独特的文化意蕴，更凸显"大先生"之大任、大责，当然，中小学教师做"大先生"更有难度、更具挑战性。

"大先生"之"大"，大在中华文化的深厚。做新时代"大先生"的实质是做立德树人好教师。立德树人之根深深扎在中华优秀传统文化之中。中华文化源远流长，博大精深，具有连续性、创新性、统一性、包容性、和平性等突出特性。中华优秀文化孕育了中华民族育人的初心，落实立德树人根本任务正是不忘这一初心，牢记育人使命；中华文化塑造了学生的灵魂，根脉、魂脉在立德树人中得以延续，并日益坚定与强大，让学生在走向风云激荡的世界中站稳脚跟；中华文化赋予立德树人的智慧，让学生的学习、发展充溢审美愉悦，让育人视野更宽、格局更大、境界更美。新时代"大先生"，一定要、也一定会准确把握文化渊源，更自觉地将立德树人装在心里，化作积极行动，用肩膀扛起培养德智体美劳全面发展的社会主义建设者和接班人的重任。"大先生"育人之风，山高水长。

新时代"大先生"应当是有大责任的知识分子。真正的知识分子具有强烈的批判精神和社会责任感，他们不只是勇敢的解构者，更是积极的建构者，有着开放的胸怀和可贵的精神气质。面对"真正的知识分子到哪里去"的提问，新时代"大先生"应该勇敢地站起来，响亮地回答：真正的知识分子，我们正是！我们与祖国同呼吸，共命运，为中华民族伟大复兴而鞠躬尽瘁，把理想信念写在祖国的大地上。

新时代"大先生"之"大"也应在成大才。我们要积极落实人才强国战略，真正解放学生、革新制度，"不拘一格降人才"；真正解放自己，刻苦钻研，"不拘一格成人才"；只有自己明大德、立大志、成大才，才能担负培养拔尖创新人才的大任，助力中华民族伟大复兴。

"刚毅坚卓"，再一次在耳畔响起。中国式教育现代化正阔步向前，新时代"大先生"将会到中流击水，浪遏飞舟，面对"怅寥廓，问苍茫大地，谁主沉浮"之问，"大先生"的回答是：数风流人物，还看今朝。

陶行知：解放儿童
——指南针的轴心

一、"来""去"为儿童，儿童是教育改革的指南针

在中国教育史上，陶行知是永远的。

说陶行知是永远的，是因为他人生的伟大，而他人生的伟大又集中体现在他教育人生的辉煌。陶行知的人生让我们看到了陶行知的大情怀、大抱负、大格局、大智慧，赤子之心，行知之志，这些永远激励着我们。在陶行知于国内进行教育改革研究实践一百多年的今天，我们更加怀念他。

陶行知的"来""去"，是在什么之间来去的？他的来去又是为了什么？他的"大事"究竟是指什么？我以为他是在寻找教育的指南针。开始，他认为"我们真正的指南针只是实际生活"。这一判断是十分正确的，因为教育就是"给生活以教育，用生活来教育，为生活向前向上的需要而教育"。

后来，陶行知实际上将儿童作为指南针。因为，他坚定地认为儿童是生活的主人，是生活教育的主体，而儿童只有在生活中才是"活"的。不只如此，陶行知的所有教育主张都是指向人的，指向儿童的。比如，"千教万教教人求真，千学万学学做真人"的真教育，其中的主体当然都是儿童。比如，"教人做主人，做自己的主人，做国家的主人，做世界的主人"的民主教育，显然，其中的"主人"就包括儿童。又比如，"朝着最新最活的方面去做"的活教育，目的是让儿童活起来，朝着最新最美的方面。当然，还有他所倡导的科学教育、创造教育、乡村教育等，都是为了儿童的发展，让儿童成为"一面社会的镜子"，成为"未来的主人翁"。将儿童作为教育改革的指南针，意义更深刻，既有重要的现实性、针对性，又具有长远的未来性。

将儿童作为教育改革的指南针，指向了教育改革的宗旨，指向了教育教学的核心与本质，将会让教育发生重要的转向，引导着教育改革的境界。自然想到教育改革的重大主题——学生发展核心素养。学生发展核心素养的核心是学生，儿童是核心素养同心圆的圆心，研究、实施如何发展核心素养的目的就是要解决培养什么样的人、怎样培养人的问题，落实立德树人根本任务，树人就是树儿童，让他们成人、成才，成为社会主义事业的建设者、接班人。毋庸置疑，学生发展核心素养是课程教学改革的指南针，而儿童发展是整个教育改革的指南针。因此，回顾、梳理、学习陶行知关于儿童是指南针的思想，从中汲取营养，坚持正确的儿童观，深化儿童研究，对于核心素养的研制和落地多么重要，对于建设具有中国特色、中国品格的课程、教学体系的意义多么重大。

二、"整个儿心"献给儿童，培养"完整儿童"

陶行知的儿童研究是一个完整的体系，对核心素养指标体系的研制、实施有着广泛而深刻的启示。

陶行知热爱儿童，把"整个儿心"献给儿童，用"整个儿教育"培养"完整儿童"，他建构的是关于"整个儿教育""完整儿童"的体系，在关于儿童是谁、培养什么样的儿童、怎样培养儿童等各方面都有十分精辟的论述和丰富的实践，因而在诸多方面启发我们如何研制学生发展核心素养指标体系，并使之真正落地。

一是关于儿童是谁，如何真正认识儿童的问题。首先，陶行知认为儿童是活的。这似乎是个伪命题，其实不然，认为儿童不活的意识客观存在着。他指出，"我们办教育的人，总要把小孩子当作活的，莫要当作死的"。然后用地球作例子，说地球看起来是个不动的东西，其实每天每时都旋转不已，儿童也像这样，"他的能力知识，没有一天不在进行中求活"，这正是儿童"天性的特性"。其次，在陶行知看来，儿童不仅是活的，而且是伟大的，因为他有巨大的潜能。他先在《师范生的第二变》中说："小孩子的能力大得很；他能做许多您不能做的事，也能做许多您以为他不能做的事。"然后他写了一首《小孩不小歌》："人人都说小孩小，谁知人小心不小，你若小看小孩子，便比小孩还要小！"简简单单的四句，平如白话，却蕴含极为深刻的意思。我以为至少有三层意思，一是小孩子年纪小，这是客观事实，但我们对小孩的认识不能止于此；二是，他"心不小"，即有志向、有潜力，因此不能小看他；三是，假如小看了，你就比小孩还要小，还不如小孩。这三层意思其实是聚焦到一个问题：儿童是一种可能性，可能性是儿童的最伟大之处。但是，最伟大之处不能遮盖儿童发展过程中的一切，比如错误，如何对待儿童的错误，挑战和考验着教育者的儿童观。陶行知有非常鲜明的观点："儿童不但有错误，而且常常有着许多错误。由于儿童年龄上的限制，缺乏经验，因而本身便包含着错误的可能性。"显然，陶行知把犯错也看作儿童的一种可能性，即可能性是有正反两种不同方向的。问题是我们的态度和方法的选择，陶行知说："因此，教育者的任务除了积极发扬每个儿童固有的优点外，真是要根据事实，肯定他们的错误，从而改正他们的错误。"这就是陶行知的积极的、完整的儿童观。

　　陶行知给我们什么启示呢？我以为就是要在完整儿童观

的指引下，促使教育发生三个重要转向。其一，教育要从注重知识，看重成绩、分数，坚决地转向人，转向儿童的发展。这是根本的转向，核心素养的培育、发展，其中一个重要的目的就在此。其二，教育要从只注重儿童的现实性，只看重儿童的现实表现，转向儿童的可能性。转向可能性就是关注儿童的未来发展性，这是教育的一种重要超越。而核心素养，正是立足于现实、着眼于发展的，引领儿童从现在走向未来。为了儿童的终身发展，让儿童成为终身学习者、发展者，这是教育变革的重大原则。其三，发挥儿童的"心不小"的特点，从儿童简单地接受课程转向自主、积极地参与到课程的建构之中去，参与的过程就是学习、研究、发展的过程，是激发学习志向的过程。这样，课程、教学中才能处处、时时闪现儿童的身影，而且以儿童为主体展开教育，这样才能闪耀儿童伟大的童心。

二是儿童应该成为什么样的人，即儿童发展的目标问题。对此，陶行知有过明确的规定和表述。抗战时期，陶行知提出怎样办战时儿童教育，主要是"四种培养：手脑相长的小工人，追求真理的小学生，即知即传的小先生，百折不回的小战士"。然后他又进行了补充阐述："引导学生团起来做追求真理的小学生；团起来做自觉觉人的小先生；团起来做手脑双挥的小工人；团起来做反抗侵略的小战士。"四个"团"既是策略和方法，又是目标和要求，还是一种状态。就生活教育而言，陶行知对乡村小学生的发展目标概括为五种："一是康健的体魄；二是农人的身手；三是科学的头脑；四是艺术的兴趣；五是改造社会的精神。"这五大目标，分别从五个领域提出，又是一个完整的结构。在普及教育阶段，陶行知从"小先生制"的角度，对儿童发展目标提出要求，前进的小先生要有四种精神：追求真理、即知即传、联合起来、百折不回。在这些目标要求的背后，陶行知论述了另一个问题：劳力与劳心。他的主张是"在劳力上劳心"，这是"一切发明之母"，可得"事物之真理"。后来，他又进一步作了解释："造就手脑都会用的人""要使手脑联盟"，这正是人的两个宝。这些论述，使儿童发展的目标建立在时代要求的基础上，也建立在理论的基础上。

值得关注的是，陶行知特别重视儿童的道德和能力。首先是儿童的道德素养。他说："道德是做人的根本。根本一坏，纵然你有一些学问和本领，也无甚用处。并且，没有道德的人，学问和本领愈大，就为非作恶愈大。"他又确立公德与私德的概念："私德为立身之本，公德为服务社会国家之本。"一个人既要有公德，又应有私德，无私德的人，公德也不会好。他提倡培养大德："大德是大众之德"，而"大众之德有三：一是觉悟；二是联合；三是争取解放"。陶行知将道德素养用"人格防线"和"建筑人格长城"来作小结，他说："建筑人格长城的基础，就是道德。"我们不妨将此称作陶行知的"道德宣言"。与此同时，陶行知又非常重视学生的能力，尤其是自主学习能力、探究能力和创造能力。"处处是创造之地，天天是创造之时，人人是创造之人"至今都响在我们耳畔，激荡着我们的心灵；"敢探未发明的新理，即是创造精神；敢入未开化的边疆，即是开辟精神"为我们探了新理、开了边疆。这些都是陶行知的"创造宣言"。

"道德宣言""创造宣言"不是孤立的，都在陶行知所提出的儿童发展目标要求框架中。如果将陶行知关于儿童发展的目标要求与当下学生发展核心素养作比照，不难发现二者有着许多共通之处。第一，儿童发展的目标要求既有普遍的要求，又凸显了不同时代、不同历史阶段的不同特点。当下的中国学生发展核心素养就是充分体现国家要求、时代要求和未来期待的，核心素养既具有稳定性，又具有发展性。第二，儿童发展的目标要求既应具有基本要求，又应凸显核心的、关键的内容，如陶行知的"道德宣言"和"创造宣言"。这两个宣言恰似核心素养的必备品格与关键能力。由此，自然想到，凡是教育总是踩着时代的节拍走在规律之路上的，学生发展核心素养并不是天上掉下来的，而是在中华文化的土壤里长出来的。第三，核心素养总得有实现的方式，让大家可捉摸、可操作，同时又有鲜明的特点，如陶行知创立的"小先生制"。"小先生制"将正确的品德观念、必备品格、关键能力集于一身，目标要求也就得以落实了。当然，当今中国学生发展核心素养更有时代性和发展性，是优秀教育传统的延续，绝不是对传统的照搬照套。

三是如何培养儿童，是培养策略、途径、方式的问题。无须多作阐述，陶行知形成了一整套操作体系。这一操作体系的核心思想是：知行合一和教学做合一。他把王阳明的"知是行之始，行是知之成"翻转了："行是知之始，知是行之成"。然后他作了概括："我的理论是'行知行'。"可见他的核心思想是行动，而这正好击中了中国学生的弊端："被先知后行的学说所麻醉，习惯成了自然，平日不肯行，不敢行，终于不能行，也就一无所知。"因此，他又发出誓言："有行的勇气，才有知的收获。"这一核心思想支撑着他的教学做合一的主张："教一切、学一切都要以'做'为基础"，"做是学的中心，也是教的中心"。那么，"做"究竟是什么呢？"做是发明，是创造，是实验，是建设，是生产，是破坏，是奋斗，是探寻出路"，其特征是：行动、思想、新价值之产生。而"教学做合一不是别的，是生活法，是实现生活教育之方法"。教学做合一的具体方法是非常丰富的，其中他特别重视工具的使用，大家都比较熟悉。

培养儿童应当有实现方式，同样，核心素养的落实，也要寻找落地的力量和方式。陶行知启发我们，儿童是在自主实践中、在积极行动中发展起来的，核心素养的发展需要在情境中培育，从某种角度说，情境是由学习活动来营造的，而学习活动需要设计、编织。学习活动必定会使学习方式发生变革。我以为，知行合一、教学做合一，与核心素养要在课程、教学中实现的核心思想和方式完全是适合的。陶行知在 20 世纪二三十年代就为我们今天铺下了一条道，我们该怎么坚持走下去，而且走出新路来呢？这实在是一种新考验，考验着我们的勇气、理念、智慧和能力。

三、解放儿童：指南针的轴心

先从陶行知的一首诗说起。陶行知曾应陈鹤琴邀请为"儿童教育社"写社歌，社歌的名字叫《教师歌》，这首诗写得太好了，相信大家知道的也不太多，现全文录抄于下："来！来！来！来到小孩子的队伍里，发现你的小孩。你不能教导小孩，除非是发现了你的小孩。 来！来！来！来到小孩子的队伍里，了解你的小孩。你不能教导小孩，除非是了解了你的小孩。 来！来！来！来到小孩子的队伍里，解放你的小孩。你不能教导小孩，除非是解放了你的小孩。 来！来！来！来到小孩子的队伍里，信仰你的小孩。你不能教导小孩，除非是信仰了你的小孩。 来！来！来！来到小孩子的队伍里，变成一个小孩。你不能教导小孩，除非是你变成了一个小孩。"

我一次又一次朗读，一次又一次地读给大家听，每读一次，总觉得陶行知正面对着我们微笑，期待着我们的回答。我们该怎么回答陶先生呢？重要的是准确理解这首诗。这首诗的主题我以为是解放儿童，解放儿童是指南针的轴心。只有解放儿童才能真正发展儿童，否则儿童的自主、发展都是一句空话。于是陶行知提出了六大解放："解放儿童的头脑，使他们可以想。解放儿童的嘴巴，使他们可以谈。解放儿童的双手，使他们可以玩、可以干。解放儿童的时间，使他们的生命不会被稻草塞满。解放儿童的空间，使他们的歌声可以在宇宙中飘荡。"后来，他又增加一个解放："解放儿童的眼睛，使他们能看。"我以为，儿童的六大解放在今天完全是适用的，而且具有强烈的针对性和冲击力，研究、实施核心素养，不解放儿童，不让他们自主、积极地去实践、去探究、去体验、去内化，哪来的核心素养？哪来的创新精神、实践能力？遗憾的是，当下的教育仍然以不同的方式在不同的方面束缚儿童，用知识、分数填塞了他们的头脑，用所谓的标准答案堵住了他们的嘴巴，用简单重复的训练捆绑了他们的双手，用作业、培训、考试、竞赛塞满了他们的时间，他们的空间也被绑架了，眼睛只盯着书本了。这种现状不改变，核心素养的培育、发展无从谈起。而发展核心素养正是要改变这样的现状。

为此，陶行知为我们设计了一条思路。首先，要赶快到儿童世界中去，连续五个"来！来！来"，多么急切的呼唤，我们不能无动于衷。其次，围绕解放儿童，要做几件重要的事：了解、发现、信仰（不是一般的信任）。这几件事是解放的前提与基础，陶行知用"你不能……除非……"的句式强调了必须具备的条件。最后，更为关键的是自己变成孩子。变成孩子，不是生理意义、物质意义上的，而是在情感上、在心理上、在思维方式上、在立场上的，就是陈鹤琴所说的，"让我们重温自己的童年，再做一回儿童"；也是蒙台梭利所定义的——"作为教师的儿童"；亦是李吉林所自我认定的——"一个长大的儿童"……若教师心里永远住着一个儿童的话，他一定会走进儿童世界，一定会在充满简单之美的儿童世界里有新的发现、新的进步。当然，他也并没有忘记自己还是教师，还有指导、教导儿童的责任在肩的。

学生发展核心素养是课程改革、教学改革的风向标，它内在有个指南针，指向儿童，聚焦儿童的发展，其轴心是解放儿童，让儿童成为未来人才。我们继续去寻找、把握指南针，依据指南针，听从核心素养的召唤，去深化改革，落实立德树人的根本任务。谢谢陶行知的指导和启发。永远的陶行知。

陈鹤琴：中国特色的"活教育"

陈鹤琴是伟大的教育家，他创立了活教育的理论体系与实践体系。

什么是活教育？陈鹤琴曾用"是……不是……"的方式解释过。我试着来作一个反向概括：活教育不是旧教育，而是新教育——旧教育是死的，而新教育是活的；活教育不是随意的教育，而是经过实验的科学的教育——活教育有理论的支撑，有科学的设计，还有严格的实验论证；活教育不是局部的教育，而是一个完整的教育体系——有纲要，有目标、原则，有内容、方法，有步骤和方式，还涉及幼儿师范教育，具有整体的育人功能；活教育不是从外国搬来的教育，而是中国的教育——中国人自己确立，具有中国特色和中国气派。

活教育是我国十分宝贵的教育财富，既闪烁着历史的价值光芒，又闪烁着时代的意义色彩，是"永远的活教育"。

活教育与学生发展核心素养有着天然的密切的联系。中国学生发展核心素养应植根于中华文化和教育理论的土壤中，而活教育正是核心素养孕育和发展的摇篮，它的理论、思想与内容体系可以激活学生的潜能，培育和发展学生核心素养。而这一切，并不影响核心素养的时代特征和发展的要求，恰恰相反，活教育将历史传统和时代要求联系起来。

一、活教育的原点：激活核心素养发展的主体——儿童

活教育理论体系、实践体系有许多重要的"点"，原点就是其中一个。活教育的原点是儿童，是为了培养"活儿童"。

其一，活教育的核心理念是"一切为儿童"。陈鹤琴88岁时写下著名的题词："一切为儿童"。1935年，他曾写过《儿童年实施后的几点宏愿》，开篇就说："愿全国儿童从今日起，不论贫富，不论智愚，一律享受相当教育，达到身心两方面最充分的可能发展。"这是他的第一宏愿。他始终把儿童、儿童发展记在心里，落实在行动中，而且不是面对少数儿童，而是面向所有儿童。儿童是活教育的出发点，也是活教育的归宿。原点是，儿童永远是活教育的核心，恰似核心素养，是所有同心圆的圆心。

其二，活教育的目标是三个信念。陈鹤琴确立的活教育的目标是："做人，做中国人，做现代中国人。"首先，儿童是人，不是物，他有作为人的价值和尊严；儿童是目的，不

是手段，教育的最高目的是儿童成为人的发展。其次，做中国人，家国情怀、民族认同、对国家的责任全在里面了。最后，做现代中国人，让儿童从中国出发，走向世界，走向未来。陈鹤琴将三大目标作为教育的信念。当今学生发展核心素养与这一目标、信念是一脉相承的。

其三，活教育明确提出做现代中国人必需的五个条件。第一，"要有健全的身体"。他说："一个健康的人，他有理想，他乐观、积极、有毅力，他能担当起大事。""唯其有健康的身体，才能担负起现代中国与世界给予我们的任务。"第二，"要有创造的能力"。他说："儿童本来就有创造欲，并有创造能力的。"并在举了儿童拆卸、重新装配玩具飞机的例子后，补充说："我们只要善为诱导启发，可事半而功倍。"第三，"要有服务的精神"。他说："要为国家服务，为全世界的人类服务，为真理服务。"第四，"要有合作的态度"。他说：中国人是有合作的态度的，"抗战时期不是证明我们的团结力量很伟大吗？"他又指出，中国人缺乏合作精神"确是一种严重缺陷"，亟须加强。第五，"要有世界的眼光"。他说："所谓世界眼光就是对世界的看法……唯其认识世界，才能眼光远大……以宇宙为学校……才能做一个世界人。"以上五个条件，与当下核心素养的元素、要求相比照，都是相呼应、相嵌入、相融通的，是具有前瞻性的。

其四，活教育确立了儿童教育的十七条原则。概括起来，其中有：两个"凡是"——"凡是儿童自己能够做的，应当让他自己做""凡是儿童自己能够想的，应当让他们自己想"；两个"鼓励"——"鼓励儿童去发现他自己的世界""积极的鼓励胜于消极的制裁"；两个"化"——"教学游戏化""教学故事化"；最后一条"儿童教儿童"，因为"儿童了解儿童的程度比成人所能了解的更为深刻，儿童鼓励儿童的效果比成人所能获得的更为巨大"，而且"儿童教儿童，教学相长"。这些原则用于今天不仅一点都不落后，而且仍有时代感、未来发展性。

以上是对活教育的原点是儿童的有关论述的简单梳理。我们完全可以作出一些基本判断：在儿童这一原点上，活教育与核心素养是完全一致的、相契合的；活教育进一步启发我们要坚持一个信念，一切从儿童出发，将儿童发展作为同心圆的圆心，作为培育、发展核心素养的主题与宗旨；活教育应当成为核心素养孕育的摇篮，首要的是激活儿童这一主体；核心素养一定要根植于中华文化的沃土中，应从中国教育的优秀传统中汲取营养，找到自己的根与魂，其将犹如中华文化田野里长起来的并绽放的鲜花，永远向着天空和未来微笑。

二、活教育的基点：丰富核心素养的情境和资源——生活

活教育有个重要的基点，那就是生活。活教育要引导儿童在生活中学习，在生活中劳作，在生活中学会合作、服务

和创造。生活是活教育的源头活水，只有在生活中，教育才是活的，否则就是死的。

其一，生活成为活教育的基点，有两个重要的理论思考。一是陈鹤琴高度认同陶行知的"生活即教育"理论。他认为，"教育即生活"，把教育作为生活的一部分，而"生活即教育"把生活当作教育的过程，这种生活与教育的统一，体现了教育本质的全体性和整体性。二是陶行知的观点："小孩子的知识是由经验得来的。所接触的环境愈广，所得的知识当然愈多。所以我们要使小孩子与环境有充分的接触。"这两个重要的理论思考实质上是活教育理论的基础，支撑着活教育。核心素养的培育、发展离不开生活，离不开丰富的情境，真正的学习是在情境中发生的，核心素养是对真实、复杂情境的认知、辨别、顿悟，以及知识、能力、态度的综合体现。

其二，活教育把宇宙当作学校。陈鹤琴提出，教育的场所不限于学校，生活是学校，宇宙是学校。他讲述了"一个活的林间学校"诞生的过程，具体记录了林间学校一天的生活，从早上七点开始，到下午傍晚结束。先是讲冒险故事，九点半开始分班上课，有"披荆斩棘"课，他称为"开辟世界的工作"，有草地上的唱歌课，有"动物乘火车"的游戏，还有作文共同订正课……陈鹤琴说："一个可爱的活的学校呱呱坠地了。"小朋友说："这里读一学期，等于读两学期呢！"可以想见，林间学校正是今天的野外学校、蓝天下的学校，课程是情境课程、综合课程，在这样的情境中，学习是跨界的，小朋友是互助互学的。陈鹤琴是在告诉我们，教室不应该是封闭的小匣子，它应打开，应开放，应流动，一如哈佛大学教育学院的院长所说：流动应成为学生一日生活中的重要部分。核心素养当然可以在书本世界里、在符号世界里培育，但更棒更好的是在情境中萌发、生长起来的，我们应该为学生编制其核心素养发展更开阔、更丰富的学习新时空。

其三，活教育把大自然、大社会当作活课程、活教材。 陈鹤琴说："书本上的知识是间接的知识，要获得直接的知识，应该向大自然、大社会去探讨。"他还说："环境中有许许多多的东西，初看和你所教的没有关系，仔细研究，也可以变成很好的教材，很好的教具呢。"这些论述，表明了活教育的课程和教材的理念是：鼓励儿童积极的研究精神，"读活书、活读书、读书活"，其理论支点是让儿童建构活知识。陈鹤琴还以生动的语言作了如下讲述："把一本教科书摊开来，遮住了儿童的两只眼睛，儿童所见的世界，不过是6寸高、8寸阔的书本世界而已……儿童的世界多么大，有伟大的自然亟待他去发现，有广阔的大社会亟待他去探讨。什么四季鲜艳夺目的花草树木，什么光怪陆离的虫鱼禽兽，什么变化莫测的风霜雨雪，什么奇妙伟大的日月星辰，都是儿童知识的宝库",否则,"在渺小的书本世界里去求知识,去求学问,去学做人,岂不是等于梦想吗?"这些都在反复阐释同一个问题:新的课程观、教材观应是,努力把一个偌大的世界当作课程和教材,课程、教材的大视野带来教育教学的大格局,才会有利于学生核心素养的培育和发展。

其四,活教育的原理是"从儿童的生活出发完成儿童的完整生活"。 陈鹤琴提出"整个的教育"概念,因为生活是完整的,所以教育也要完整。这集中体现在他的"五指活动"中。"五指活动"是:儿童健康活动、儿童社会活动、儿童科学活动、儿童艺术活动、儿童文学活动。这五个领域的活动犹如人的五个手指,是一个整体,犹如人的一只手,能分离,相对独立,但不可分割,更不能分裂,其目的是从儿童发展需求出发,完成儿童的完整生活,完整的生活才能培养完整的人,进而促进儿童生命体的完整和活泼。这五个领域几乎覆盖了儿童的全部生活,与中国学生发展核心素养中的"文化基础""人文底蕴""科学精神"的基本要点及主要表现描述大体上是一致的。由此,我们得到的启发是:中国学生发展核心素养虽然分为三个方面、六大素养,但一定是一个整体,所有学科都要指向这一个整体,绝不能从核心素养中只找自己学科的要求,以求学科与核心素养的某几条要求一一对应,这势必造成核心素养的分裂、割裂,造成"学科本位"。核心素养是一只完整的手,当它握成拳头的时候，是可以克服一切、战胜一切、创造一切的。

生活，这一活教育的基点，实质是教育的源泉、教育的环境、教育的资源、教育的情境。活教育之活，活在丰富的生活，活在真实的情境，活在课程、教学向生活打开，回到知识真正发生的情境中去。核心素养也是活的，学生核心素养要活在生活的源头活水中，活在研究问题、解决问题中，可以说，基于核心素养的教育当是活教育。

三、活教育的力点：做中教，做中学，做中求进步——学习方式的变革

活教育的理念、信念、目标、条件、课程应从哪儿着力？它有一个力点，既是着力点，又是支点。这个力点就是改变学生的学习方式。

首先，陈鹤琴确定了活教育的方法论。活教育的方法论就是"做中教，做中学，做中求进步"。他对这一方法论作了说明，"脱胎于杜威博士当年在芝加哥所主张的'寓学于做'，但比较杜氏的主张更进了一步，不但是在'做'中学，还要在'做'中教，不但要在'做'中教与学，还要不断在'做'中争取进步"。之所以有这样的主张，是因为活教育的教学"着重于室外的活动，着重于生活的体验，以实物作研究对象，以书籍作辅佐参考。换一句话说，就是注重直接的经验"。他明确指出："这种直接的经验是使人进步的最大动

力。"我以为，"着重于"，并不是"唯一"，他并不否认教室里的学习，而是更注重室外的体验所获得的经验。培养、发展学生核心素养不也正是这么去改变、去努力的吗？课改以来，学习方式的变革成为改革的重点，这与活教育的"做"的方法论是高度一致的，活教育的方法论给了核心素养的发展十分宝贵的启示。

其次，以"做"为着力点的方法，活教育确立了几条原则。一是，目的"在使小孩子获得均衡发展""并不是培养儿童某一技能，或使他们精习某一特殊学科，我们不能让刚出芽的幼苗早熟结果"。二是，开展"自动的研究"。"最宝贵的是儿童自动研究的精神，这种精神是小朋友们本已潜在的"，那种"耳提面命的教学方法"限制了潜能的开发。三是，要开展"分组学习"。他早就指出："一般的学校大都是采用分班制，分班制是教师与学生在注意力上交流，只适宜注入式学习。分组学习是小朋友之间以及小朋友与教师双轨线的交流，适宜于相互讨论研究和工作。"当然还有其他一些原则，这里不再赘述。这些原则规定了"做"的方向、目的，直抵儿童的生命潜能，而且直指班级授课制、注入式学习的弊端，极具理论性，也极具操作性。可以说，当下的小组合作学习、现场学习、场景学习与活教育是相承的、相通的，也是"活"的。

最后，活教育规定了教学过程的四个步骤：实验；参考；

检讨；发表。陈鹤琴觉得每一个小朋友应当有他自己的工作簿，"在工作簿上编他自己的教材"，这一教材就是由以上四个步骤组成的。他举的是一个小朋友研究青蛙的例子，步骤清晰，过程充实，研究充分，实验、参考、发表、检讨都在里面了。这四步骤形成"做"的链，一环连一环，一步深一步，所谓"实验"，就是具体地设计、操作、研究；所谓"参考"，就是文献参考、理性分析、形成研究假设；所谓"检讨"，就是反思、改进；所谓"发表"，就是表达、展示、与大家分享。陈鹤琴并未将之冠以"模式"，其实正是一个理论化的实践、实践化的理论——应称之为模式，是科学的、有效的。

最近听一位专家报告，他说，做就是学。他还认为，做应当有工具，不单有工具还得有想法。他甚至提出，不妨让学生从金字塔的塔尖学起、做起，才会有高阶思维、高峰体验，才会有高期待，当然，对金字塔下的人要学会宽容和鼓励。我自然把这位专家讲的与陈鹤琴所论述的所实验的联系起来。不是具有高度的内在一致性吗？永远的活教育，永远的陈鹤琴。让我们继承和深化活教育，让活教育成为学生发展核心素养的摇篮，培养新时代的"活儿童"，让学生的梦想与智慧在其中孕育、生长、发展吧！

叶圣陶："不教之教" 的大智慧

　　声名显赫的麦克阿瑟将军行将退休时，曾经说过这样的话："将军不会老去，只是枝叶飘零而已。"声音中没有任何的苍老，有的是雄心与永远的青春。不过，我以为这话用在教育家叶圣陶身上却是不合适的，尽管充满着哲理。叶圣陶不仅不会老去，而且也不会飘零，他眉目中透射的思想永远那么鲜活，在世纪风雨中发出的声音，虽在昨天，却依然响在今天，历久弥新的思想犹如一盏顶灯照耀教育的前程。

　　叶圣陶的教育思想宝库中，关于教学的论述尤其值得我们重温。"凡为教，目的在达到不需要教"，我以为是叶圣陶教学观的核心，我不一定十分准确地将它概括为"不教之教"。这一核心思想揭示了教学的本质，而且建构了完整的教学概念。今天，我们研究学生发展核心素养，推动教学改革，寻找核心素养在教学中实现的方式，"不教之教"仍是教学的准绳。

一、"凡为教，目的在达到不需要教"的原意与内涵

通过一些搜索，发现关于教与不教的论述，最初是 1961 年 9 月 8 日，叶圣陶在呼和浩特对语文教师的讲话《怎样教语文课》里提出来的。在一次座谈会上，一个学生说："老师讲得太多了，对我们没有好处。我们预习《粮食的故事》一课，读过几遍非常感动，几乎掉下泪来。后来，老师在课堂上讲解，左分析，右分析，把一篇文章拆得零零碎碎，讲了些空泛道理，我们听了，反而把感动冲淡了。"叶圣陶紧接着说："这样看来，学生能够理解和领会的东西，教师完全可以不讲。学生了解不透、领会不深的地方，才需要教师给予指点和引导，适当地多动脑筋，脑筋是不会受伤的。"这段话的结尾是这样的："总之，讲的目的，在于达到不需要讲。"他认为，这是教学的最大成功。他还指出，"学生不能老是带着一位老师给他讲"。这样的观点一直在延续。1978 年 8 月 21 日，在题为《大力研究语文教学、尽快改进语文教学》的讲座中，叶圣陶说："说到如何看待'讲'，我有个朦胧的想头。教师教任何功课（不限于语文），'讲'都是为了达到用不着'讲'，换个说法，'教'都是为了达到用不着'教'。"叶圣陶很谦虚，说这是个"朦胧"的想法，其实很清醒、很清晰、很鲜明。从"讲"与"不讲"到"教"与"不教"，不只是"换个说法"，还是科学的迁移和拓展，

是深化和提炼。这"换个说法",从语文学科迁移、拓展到所有学科,成了教学的共同原则和普遍规律。

对于"不教之教"的价值立意,是定位于教学境界的。他说:"学生入门了,上了路了,他们能在繁复的事事物物之间探索、独立实践、解决问题了,岂不是用不着给'讲'、给'教'了?这是多么好的境界啊!"这一教学境界,叶圣陶用"自能读书""自能作文""举一反三"等来概括它的表现特征。其实,这一思想最为深层的意义价值是其直抵教学的核心,通过"不教之教"将教学本质呈现了出来。正因为此,至今它都不会"老去",更不会"死去",相反,是永远鲜活的、历久弥新的。

叶圣陶揭示的这一教学原则有着重要的理论根据,他用非常平实的话作了解释。其一,"学习是学生自己的事,不调动他们的积极性,不让他们自己学,是无论如何学不好的"。自己的事当然要自己做、自己完成,包办代替万万使不得,也万万行不通。其二,"知识是求知者主观的欲望和兴趣的结晶体,离开了求知者的主观便无所谓知识,所以知识只有自己去求,别人的知识只能由别人去应用,我不能沾他一些光"。现实中,教师"沾学生光"的现象并不鲜见,因而影响了学生的学。其三,"学习的主体是我们自己",不自己学,"只能得到'外铄'的效果"。叶圣陶对"失学"做了新解:"精当地说,唯有自己不要学习才是'失学'。"岂止是精当，是十分精辟、精彩。其四，最为重要的是，叶圣陶有个关于"素养"的理论在支撑他。他说："我无论担任哪一门功课，自然要认清那门功课的目标……同时我不忘记各种功课有一个总目标，那就是'教育'——造成健全的公民。"他举例说，音乐教育的成功在于"一般人都受到音乐的滋养"；文学教育的成功在于"个个儿童能欣赏文学，接近文学"，而且是"生活在先，文学在后"。学习的成功在于不但有所"知"，而且有所"感"……总之，着眼于教育，着眼于滋养，着眼于素养，那么必须让学生主动去学，其结果是"不需要教""一辈子有用"。

二、教是为了不教，大智慧的教——不教之教

对于教学，叶圣陶有个完整的概念，要以学生为主，但不能排斥，更不能否定教。他非常明确地指出："'教是为了达到不需要教'，我觉得这样表达比较明白。是不是不教了，学生就学成了呢？非也。"一个"非也"廓清了界限。他紧接着补充说，教学当然需要教，问题是需要"久旱逢甘雨"式地教，需要使自己"蓬蓬勃勃地滋长"式地教。这就需要教师有大智慧、好方法，这对教师是个难度很高的挑战。

对于这一难题，叶圣陶抓住了三个关键问题。**一是何为教，何为"不教之教"**。他说，教师之为教，"其义在指导，在相机诱导。必令学生运其才智，勤其练习，领悟之源打

开，纯熟之功弥深，乃为善教也"。指导和相机诱导才是善教。而这样的指导、诱导用意在于"发动学习的情绪"，即用情感启动良好的开端。在方法选择上，"可否自始即不多讲，而以提问和指点代替多讲"。同时，他又指出，"给指点，却随时准备少指点……最后做到不指点。这好比牵着孩子的手教他走路，却随时准备放手"。**二是何时教**。当学生"想不通了，说不清楚，这就是碰了壁了，其时学生心头的苦闷多么厉害，要求解决的欲望多么迫切……"即在学生最需要的时候，教师适时地教，伸出援助之手，助一臂之力。这就是不愤不启吧。**三是教什么**。这是因内容而异、因课而异、因人而异的，但一定是前文所述的"了解不透、领会不深"的地方，因而这样的教，是有一定难度和深度的。

为了支持"不教之教"，叶圣陶又阐释了其理念、原则、关键以及基础等问题。

首先是置于一个宏大的背景下的理念，那就是课程及其改革的背景。叶圣陶不是就教学论教学，而是在课程理念和框架下进行的。他说，教育是不可分割的，"如果把某一种活动机械地规定为进行某一项教育，恐怕是不切合实际的"。因此，"理想的办法，最好不分学科"，让学生"浸润在发生需求、努力学习的境遇里"，即使分科，也不能忘却"各种功课的总目标"——教育。他甚至说，"学制与课程之类也不是不重要，然而精神不立，单就这些讨论如何如何改，就是舍本逐末，必然没有什么好处"。这样的宏阔背景，即课程的背景、课程综合化的背景，必定促使教学改革有大视野、大格局、高格调，而放开眼界，在学生的"学"上下功夫。

其次是"不教之教"的理论基础。"不教之教"关涉对课程性质的理解与把握。大家对"教材无非是个例子"这一理念非常熟悉。"例子说"的实质是定义了教材——教材是学习的材料，是工具，不是目的。不必多作阐释，课程亦是工具。叶圣陶还定义了教育——"教育本身并非目的，而是工具"，而这样的工具"大而言之可以挽救国家社会，小而言之可以指导个人"。既然是工具，就重在使用。谁使用？是教师，但一定是教师指导学生使用，学生不使用，工具就失去了价值；学生就是在学会使用工具、创造工具中进步的，发展的，以至解放自己的。当然，学生是学习的主体、儿童是一种可能性、教学的核心是学习，等等，这些都是"不教之教"的理论，不过，叶圣陶从工具角度的阐述，为我们的研究与认识开启了一个新视角。

再次是"不教之教"的原则。原则可以从不同的方面去梳理和阐释，在阅读叶圣陶的著作中，我以为叶圣陶突出了两条原则，一条是不加重学生的学业负担，另一条是正确对待考试。对于学业负担，他的原则非常鲜明："改进教学，提高教学质量，绝不应当加重学生的负担。"让学生自己学，培养他们的自学能力和勤奋刻苦的学习精神，这是理所当然的。但如果因此把一切任务都推给学生，抑或是布置更多的作业，以"学会学习"的名义绑架学生，显然是违背了"不教之教"目的的。叶圣陶认为考试是正常的，而且会一直存在下去，但他说，"我们竭诚地希望负责者注意：考试只能在学习过程中占一个小小的位置，把它过分地重视，甚至忘却了求取知识的本义，对于学生是无益有害的"。我们当记住叶圣陶的忠告，记住考试是个"小小的位置"，作为其中一个"负责者"，也来竭诚地努力吧。

最后，"不教之教"的师生关系重建。师生到底是什么关系，论述已经很多，但在"不教之教"的教学中却有着特殊的意义和要求。叶圣陶对此作了精辟的解说。他认为，师生关系的重建，关键是教师要正确定义自己、改变自己。他的核心观点有三个：一是"我认为自己是与学生同样的人，我所过的是与学生同样的生活"，因此，"凡希望学生去实践的，我自己一定实践；凡劝诫学生不要做的，我自己一定不做"。同样的人、同样的生活、同样的地位、同样的尊严，这就保证了师生关系的平等。二是"只有做学生的学生，才能做学生的先生"。"做学生的学生"意味着我们正处在后喻文化时代，学生走到教师前面去了，教师应当向学生学习。同时，当以"学生"身份出现的时候，学生才会对你有亲近感、信任感。三是"我要做学生的朋友，我要学生做我的朋友"。互为朋友，互为伙伴，"不教之教"的过程是伙伴学习的过程，伙伴之间才能在合作状态下我学你教，你学我教。

三、"凡为教，目的在达到不需要教"在当今教学中的真正实现

这么多年过去了，叶圣陶关于"凡为教，目的在达到不需要教"的思想，我们认真实践、努力探索中，也有了一些样本，是有进展的，但是，从总体上看，还没有真正实现，教学还没有根本性改变。这在很大程度上影响了课程改革的进程，影响了学生核心素养的发展。为此，我们必须深化改革，让"不教之教"落实在课堂上。

其一，要明晰并坚定几个完整的概念。教学是完整的概念，完整的概念促进完整的教学，完整的教学促进学生整体发展。一是"课改"与"改课"的概念。课改即课程改革，改课即课堂教学改革。我重申这样的观点：课改必须改课，改课一定要在课改语境下进行。课程与教学虽有先后之分，但绝无重要与不重要之分，也绝无主次之别，二者是等值的，课堂教学在课改的链条上具有实质意义，应当将之作为课改的一个重点，绝不能把兴奋点都放到校本课程的开发上去。二是"教"与"学"的概念。教学是一个由"教"与"学"共同组成的过程。只有教，没有学，不是真正的教学；同样，只有学，没有教，也不是真正的教学——教学应是有教的学。要防止、克服教学走极端，"无师课堂"是不应提

倡的。三是"教—学—评"一体化。教学还应包括"教学评价"。以往我们对评价重视不够，评价与教、学有所疏离，教学过程并不完整，如何实现"教—学—评"一体化是今后改革的一个重点。

其二，牢固树立教学育人的核心思想。叶圣陶强调的"各种功课的总目标""要立精神""要滋养学生"等，阐述的是一个指导思想：学科育人、教学育人，这不只是一种核心理念，还应是重要的原则。学生发展核心素养指标体系的研制，就是要引领教学改革，并让核心素养发展真正落实在教学中。学科核心素养这一概念在学理上虽然需要进一步明晰，但它是客观存在的，事实上它一直在影响着学生发展。我们需要让它从潜在状态转化为课程标准、教学目标，让教师从随意走向自觉，这就需要深入研究，进一步提炼学科核心素养。专家和教师们正在研究，作为一线教师也不应无所作为，应当依据学生发展核心素养，基于学科特质，结合自己的教学经验，对教学内容进行深入剖析，提炼学科的必备品格与关键能力，让教学的准星永远对准学生核心素养的发展。

其三，坚定地以学会学习为教学的核心。"不教之教"的前提与重点就是帮助学生主动学习、学会学习、创造性学习、享受学习，核心是学会学习。这一核心的抵达尚有不小的距离，还没有真正实现。除了理念亟须转变外，我以为应当四者联动：教学结构、学习活动、学习方式、学习情境。教学结构需要改变，但结构改变不能解决一切问题，还需要设计学习活动，让结构落实在学生活动中；教学活动的本质应是学习活动，学习活动编织起学习过程，学习活动需要精心设计；学习活动促进学习方式的变革，学习方式要与学习活动相配，学习活动、学习方式的一致性促进学生学会学习；学习是在情境中展开的，要营造良好的学习生态，设计并优化学习情境，让真正学习、深度学习在情境中发生。

其四，着力研究教师的"不教之教"。学生学会学习是在教师指导、帮助下展开的，教学核心的抵达需要教师与学生的共同努力，"不教之教"不仅使教学过程完整起来，也推动教学走向高境界。究竟如何施行"不教之教"，叶圣陶已提供了思路，但是教学具有复杂性、不确定性、生成性，具体实施时需要教师的智慧，教师既需要有学科素养，还需要有学科教学素养。学科教学素养是一种将学科知识转化为教学的实践智慧。许多特级教师、骨干教师以及青年教师在实践中积极探索、研究创造，已有很多宝贵的经验，摸索、总结了一些样态，我们应从这些案例入手，剖析、概括、提炼。案例不是"坐在轮椅上的学问"，而是田野上开出的智慧之花，这智慧之花的名字就叫"不教之教"。

斯霞：童心母爱育苗人

一、像斯霞那样，做好孩子的育苗人

儿童教育家、儿童语文教育家斯霞离开我们十几年了。笔者想起了两首诗，作者都是著名诗人臧克家。一首诗其实是给斯霞的题词："一个和孩子长年在一起的人，她的心灵永远活泼像清泉。一个热情培育小苗的人，她会欣赏它生长的风烟。一个忘我劳动的人，她的形象在别人的记忆中活鲜。一个用心温暖别人的人，她自己的心也必然会感到温暖。"如果取个题目的话，应该叫作《一个人》。

另外还有一首诗的题目叫作《有的人》，是臧克家为纪念鲁迅逝世十三周年写的："有的人活着，他已经死了；有的人死了，他还活着。"同一位作者，同写一个主题——"人"——是不同的人，又是相同的人。这是一种巧合吗？其实，不是巧合，是心灵的契合，是心灵对心灵的感应与呼唤，是对一个人意义存在的高度的内在一致性。斯霞已不在了，但她还活着，还活在她永远热爱的事业里，活在我们的心里。一个人活着，是他的意义活着，是他的精神活着。斯霞的童心母爱让她永远活着，让"育苗人"永远活着，因为，童心母爱是超越时代的，是永远活着的。

童心母爱是斯霞的核心教育思想，是斯霞的人格特征。斯霞的教育就是童心母爱教育，斯霞的语文就是童心母爱语文。不仅如此，童心母爱已成为所有教师的教育思想和共同的追求，成为教育文化的符号。

斯霞曾经说过这样的话："当时我也搞不清楚什么叫母爱，什么叫童心，我也不懂得这些理论。我只觉得工人爱机器，农民爱土地，解放军爱武器，教师自然爱学生。你不爱学生，你的教育工作怎能做得好呢？"其实，斯霞真正懂母爱，也真正懂童心，真正懂理论。这就是理论，只不过没有任何的装饰性，没有任何的造作，只有质朴、真实、自然，因而伟大。是的，斯霞是真正懂童心母爱的，那是因为童心母爱不在她的嘴上，而是在她的心里，写在她的语文教学中，写在她所有的行动中。她以爱心育人，以童心育人，当童心与爱心相遇、相融合的时候，就生成了核心素养。斯霞以自己的行动告诉我们，童心母爱就是教师的核心素养，是教育家精神的生动体现。以童心母爱教育学生，就是培育、发展学生的核心素养。她还告诉我们，核心素养并不神秘，也并不虚空，它不是凭空冒出来的，而是从心里、从文化土壤里长出来的。今天，斯霞似乎站在云端，微笑地看着我们，说："你们好吗？你们能听得到吗？你们能做得到吗？"我们该怎么回答呢？我们的回答应当是：放心，我们一定像您一样，有真实的、满满的童心母爱，努力做好新时代儿童的育苗人。

二、童心母爱：核心素养的内核与动力源泉

其一，母爱是教育爱，是大爱。先说斯霞的一个故事。她教语文课《刘胡兰》。备课时常被刘胡兰的坚贞不屈所感动。可是朗读课文时总是读不好。刘胡兰回答敌人的一段话："我就是共产党员！""就是我一个！""死就死，我什么也不知道！"总觉得语言不够坚强，不够有力量，显示不出英雄气概。为什么呢？是因为自己没有参加过革命斗争，缺乏亲身体验，是自己的思想感情还没有和刘胡兰的思想感情凝结在一起。于是斯霞就想：我也是一个共产党员，如果我处在那样的环境下，该怎样对待敌人的胁迫呢？想想小小年纪的刘胡兰，斯霞勉励自己一定要像她那样，面对敌人，毫不动摇，坚持斗争，直到流尽最后一滴血！这样，斯霞身临其境地朗读课文就感染了学生。当孩子们听到刘胡兰临刑前铿锵的语气时，都激动得睁大了眼睛，咬紧了嘴唇，真想冲上去救她！

这些故事和教育案例还有很多很多。这些故事、案例在告诉我们什么呢？或者说，我们应从中领悟到什么呢？其一，对于斯霞，母爱，不只是母亲之爱，而是将母亲之爱与教师之爱结合起来，统一起来，成为教育爱。教育爱既基于母爱——因为小学生需要母爱，又超越母爱。其二，作为教育爱之义的母爱，是一种大爱，要教导孩子爱祖国、爱真理、爱和平，爱中国共产党；同时，要爱憎分明，恨敌人、恨战争、恨一切丑恶的事。这样的爱是爱国主义之大爱，是最为深沉的爱。其三，真正的爱来自内心，来自切身的体验。斯霞，一位1956年入党的党员，向刘胡兰学习，置身于当年的情境中，才会有真正的爱。母爱是真实的、真诚的，没有任何虚假，更不是作秀。其四，真正的爱会走进孩子的心灵，感染他们，与孩子的心灵发生对接与撞击，这才是真正的教育。

其二，童心，就是心中有儿童，理解儿童，发现儿童，教师是作为教师的儿童。还是讲一个斯霞的故事。斯霞说，一年级小朋友读《雷雨》课文最后一句话："凉风迎面吹来，好不舒畅啊！"一个学生举手说："这句话错了，怎么又是'好'又是'不'呢？多了个'不'字，应该说，'凉风迎面吹来，好舒畅啊'才对。"斯霞告诉他们，"好"和"不"连在一起就是"很""真""多"的意思，"好不舒畅"就是"真舒畅""多舒畅"。去了"不"也可以，但是"好舒畅"没有"好不舒畅"来得更舒畅，语言也没有后面的那句强烈，感情色彩也要差得多。她接着举例子——"我们学了拼音和汉字，能说又能写，好不高兴啊！""星期天，我们去看电影，又游了玄武湖，玩得好不痛快！"几天以后，学生在一个闷热的下午活动，忽然吹来一阵凉风，有的学生脱口而出："凉风吹来，好不舒畅！"

在斯霞的教育活动中，同样的例子太多了。那么，我们从中又应领悟到什么呢？其一，童心，尊儿童之心，爱护学生的积极性，鼓励学生提问题，而不是不理不睬，更不是责怪。其二，童心，也是一种耐心，用孩子的方式，举孩子熟悉的事例，从孩子的生活经验出发，让他们听懂、理解。其三，童心，就是和孩子一起学习、一起游玩、一起生活，发现儿童。七八岁的小孩换乳牙了，牙齿活动了，很不舒服，常常用手去摸。斯霞常常用碘酒和棉花球一擦，把他们摇动的乳牙拔下来。斯霞说，我也成了牙科医生了！其四，童心，就是真诚之心，也就是爱心。一个女孩，母亲病故了，从一年级进校起，就一天到晚跟着她，整天拉着斯霞的衣服，嘴里喊着"斯老师，斯老师"，就像一个小尾巴，有的人看了都厌烦。斯霞说，她小，没了母亲，看到女老师就很亲热。学生长大后，他们常对斯霞说："老师啊，你的床我睡过！""你的毛衣我穿过！"……其五，童心，永远年轻之心。斯霞说："要是不照镜子，我已经忘了自己的年龄。"她还说："热爱学生，做好教育工作，是热爱祖国的具体体现。"

呵，童心，永远的赤子之心。

其三，母爱-童心是一个结构，是知识、能力、态度的融合，是一种综合体现。斯霞的教学曾被拍成电影——《我们爱老师》。课文中有"祖国"一词，斯霞引导儿童理解"祖国"一词的意思。她问："你们可知道'祖国'是什么意思？什么叫'祖国'？"一个小朋友回答说："祖国就是南京。"学生笑了。斯霞说："不要笑。祖国就是南京吗？不对，南京是我们祖国的一个城市，像北京、上海一样。大家再想想，什么叫'祖国'？"另一个学生回答："祖国就是一个国家的意思。"斯霞说："噢，祖国就是一个国家的意思（略停），对吗？"学生说："不对。"斯霞紧接着说："美国是一个国家，日本也是一个国家，我们就能说美国、日本是我们的祖国吗？"学生都说："不能！"斯霞又问："那么什么叫'祖国'呢？谁能再说说？"一个小朋友说："祖国就是我们自己的国家。"斯霞说："×××同学讲得对，祖国就是我们自己的国家。我们的爸爸、妈妈、爷爷、奶奶，祖祖辈辈生长的这个国家叫祖国。那么，我们的祖国叫什么名字呢？"学生说："我们的祖国叫中华人民共和国。"斯霞说："对了，我们的祖国叫中华人民共和国。我们大家都热爱我们的——（学生一起回答）祖国。"

这是斯霞教学中的一个片段，含义丰富而深刻。其一，童心与母爱是一个融合性的结构。童心、母爱可以相对独立存在，但相互联系，表现为相互依存、相互渗透、相互支撑，形成一个结构。这一结构的显著特点就是融合。融合的结果，成为人的一种素养。其二，童心母爱不只是一种素养，更是素养的核心，是人发展的动力源泉。因为，童心、母爱表现为一种情感，表现为情感文明，这种情感成为人发展的本质力量，激发人的理想和潜能。发展学生核心素养应培育他们的童心和母爱。其三，童心母爱下的教学，必须十分重视学生品格的提升。斯霞就"祖国"这个词语，层层推进，最后让学生自己构建了"祖国"概念，自发地产生情感和信念的共鸣："我们爱——祖国。"必备品格在核心素养中的价值判断、引领地位，是不言而喻的。其四，在以童心母爱为内核的核心素养培育中，十分关注学生能力的培养，而能力培养是融合在知识学习、思维拓展、情感培育过程中的，知识、能力、情感态度已自然整合在一起了，成为一种综合的形态，这当然成为核心素养了。斯霞早就自然而自觉地开展了综合式的教学。

其四，童心母爱的深层意义在于让学生学会学习，学会批判性思维。还有这么一个故事。有一次，斯霞讲雷锋的故事，无意中说了一句："可惜啊，雷锋叔叔死得太早了。"马上就有一个学生站了起来，说："老师，你不能说'死'，应该说'牺牲'。"斯霞反问："为什么应该用'牺牲'呢?"学生回答说："因为雷锋叔叔是为人民利益而死的。"斯霞表扬了他，鼓励大家向他学习。斯霞的体会是：道德品质都是从一点一滴的小事培养起来的。还有一次上课，斯霞将袖子一捋，她看到一个孩子在指给同桌看，就立刻放下了袖子。又有一次，讲课讲热了，随手拿书扇了起来，有个孩子向她提意见，说："老师，你不是说书是不可以当扇子的吗？"斯霞立刻接受了他的意见，并承认了错误。

如果对这三个案例解读，那就是，让学生学会学习、学会发现问题、学会批判性思维，才是真正的童心母爱，这样的童心母爱是专业的、科学的、有深度的。而鼓励学生有批判性思维，关键是教师有开放的理念、包容的心态、引导的方式。重视思维能力，尤其是批判性思维能力的培养，是核心素养培育的应有之义，斯霞用她的童话对此作了生动而丰富的诠释。这让我们钦佩、感动。

三、擎着火把去照亮孩子，点亮核心素养的火苗

真实、自然，一切发自内心，一切都顺势而为，是斯霞的本色。她有这么一段话："据说夸美纽斯曾经背学生过河。我呢？也有这样的事情。有一天下大雨，学校门口积满了水，我把学生一个个背过马路去。"她认为，这不是什么壮举，只是教师的责任。她又说："尽管母爱受了批判，我说我爱得还不够，关心得还不够，班上四五十个孩子，我还没爱得过来。"斯霞，像一位慈祥的祖母，但她手中还擎着一支火把，她用火把去照亮每一个孩子。

　　我以为，像斯霞那样做过的事，我们也肯定做过。那么，我们的差距在哪里呢？先看斯霞说过的一段话："人民教育家陶行知先生说过，'从农业文明过渡到工业文明，自然科学是唯一的桥梁。小学教师必须拿着科学的火把引导儿童过渡。'我们中小学教师正是肩负着'引导'的重任。"从这段话中可以知道，斯霞手上有那支火把，时时刻刻在"引导"。她的"引导"是自觉的，童心母爱已成为斯霞的信念，成为她的人格特征。火把在她心里燃烧，在"引导"学生的时候，也在"引导"自己，只有首先"引导"自己，才能"引导"学生。我们应当像斯霞那样，点燃火把，擎起火把，去照亮自己，照亮每一个学生。

　　当然，这支火把有个名字，就叫童心母爱。亚米契斯有《爱的教育》，他的火把是爱的火把；斯霞有《童心母爱教育》，她的火把是爱心与童心一起燃烧的火把。斯霞是中国的亚米契斯、中国的夸美纽斯、中国的苏霍姆林斯基，是走向世界的斯霞，斯霞就是斯霞。是爱心、童心让教育家拥有了共同的理想与人格，拥有共同的火把。我们，也应高擎这支火把。

　　这支火把是道德的火把。道德是人类前行中永不衰竭的光源。教育事业首先是道德事业，教师首先是道德教师。道德的首要特征是爱，是仁者爱人，是兼爱，是恻隐之心、辞让之心；爱是道德的起点，也是道德的特质。童心母爱说到底首先是道德。用火把照亮学生，是用道德照亮他们的心灵，让他们拥有金钱买不到的东西。

这支火把是专业的火把。教育是一种无法替代的专业，教师的尊严就来自专业的价值。童心母爱固然是神圣的情感、伟大的道德，但斯霞赋予它丰富的专业内涵，遵循儿童身心发展的规律和特点，遵循教育的规律和特点，把爱心、童心与科学统一起来。斯霞将研究儿童、认识儿童、发现儿童当作自己的"第一专业"。用火把照亮儿童，是用科学去"引导"他们。

这支火把是和儿童一起点燃和擎起的火把。它不只是在教师手中，也不只是去点燃儿童，它也在儿童手中，儿童也用这支火把照亮教师，照亮社会。斯霞每年每日和孩子们在一起，在一起学习，在一起研究，火把就是在平时生活里形成、被点燃、被高擎的，因而它点燃了核心素养的火苗。这是斯霞给培育、发展核心素养的智慧启示。

李吉林：构建中国特色的
情境教育学

**一、一个丰富而深刻的情境：她以创造性的劳动，告诉
我们中国教师应当有志气**

情境，时代的话语。随着核心素养研究与实践的深入，
情境的时代色彩越来越浓重，情境教育备受关注，自然，中
国情境教育的创立者李吉林更让人崇敬，我们总想从她身上
发现些什么。

其实，李吉林认为自己没有什么秘密，她总是说：我是
一个小学教师。不过，她说过另外一句话：小学是我的大
学。后一句显然是对前一句的补充和诠释，两句话合在一
起，就会发现李吉林成为教育家的许多秘密。

还是从她的两个比喻说起吧。她曾用两个比喻描述自
己："我是一个竞走运动员""我又是个跳高运动员"。之所以
用运动员作比，我想和她热爱体育运动有关，要知道，她曾

经是南通市的女排队员，还是省跳伞队运动员。不过，这倒不是主要原因，最重要的，是她对生命、生命意义、生命状态的认知：人总是要有点精神的；我要克服女性的弱点。正是这两个浅近的比喻，让我们看到了李吉林的精神：竞走运动员，永远向前，永不停步，双脚永远不离开大地，踏踏实实，一步一个脚印，走得又快又好。那大地，是实践，是生活，是田野，给予她无尽的力量，铸造她脚踏实地的品格。跳高运动员，面前总有那根横竿，她要助跑，从大地上跳起，越过它；而那横竿，不断提升，她便要不断起跳、不断越过。那横竿，其实是教育的高度、人生的高度，是意义和价值的高度，李吉林不断地超越自己，迈向新境界，登上一个又一个山顶，渐渐地成为一个高峰。

经历、实践是李吉林最好的见证人。"文革"刚结束，获得解放感的李吉林立即投入教育研究与实验：情境教学—情境—教育情境—课程情境—中国儿童情境学习范式—中国情境教育体系。一环扣一环，一步接一步，不断研究，不断深入，不断构建，没有停歇过。可以想见，其间会遇到多少问题、多少困惑、多少困难，可是，一切都在情境中得到克服和破解。因此，我常常想，李吉林创立了中国情境教育。情境究竟在哪里？情境究竟要靠谁去创设、构建？后来，我突然领悟到：李吉林本身就是一种情境，丰富，深刻，又极为生动，不妨称之为"李吉林情境"。那么，我们学习情境教育，就应首先从"李吉林情境"中去探究、领悟和发现。

"李吉林情境"有许多情境因子，即情境元素和要义。第一是李吉林对教育事业的挚爱，爱得真诚，爱得深沉，爱得无比执着。这种爱是对语文教学的，是对小学教育的，说到底是对儿童的。爱不能代替教育，但教育不能没有爱，爱能激发教育，教育需要爱的力量和方式。第二是追求。追求几乎成了李吉林的精神标识。追求在李吉林那儿就是向上、向前、向外，永不满足，永不止步，也许用尼采的话来描述更合适：新的进步，新的荣誉，不是在所来之处，而是在将要前往的那个地方。"前往"就是追求。第三是专业。李吉林具有极高的专业意识和专业水平，既具有扎实的学科知识，又具有丰富的学科教学知识；既具有教育经验，又具有教育理论——条件性知识；既具有教育事业，又具有浓郁的多彩的生活情趣。专业让李吉林走得更深。第四是审美。李吉林是多才多艺的人，会弹琴、会跳舞、会游泳、会打球、会书法、会演戏、会朗诵、会主持……她具有很高的审美情趣和品位。是美学精神让她自然而又自觉地将教育与情境勾连起来，形成教育教学特有的意蕴和气象；是美学精神让情境教育走向新境界。第五是研究。李吉林是一个研究者，善于进行教育的实验研究，近四十年，一个课题接着一个课题，一项研究紧接着一项研究。不仅自己独立研究，还和高等院校的教授合作研究，建立研究基地或研究中心，形成了研究机制。研究成了李吉林的学习方式、教育方式和生活方式，研究让李吉林的情境教育走得更高更远。

以上五个方面的情境因子，实际上是李吉林所体现出来的教师核心素养。核心素养早已存活于李吉林的教育教学之中，而且在教育教学中不断发展、不断壮大。李吉林的发展告诉我们，要成为优秀教师，必须弘扬教育家精神，培养与发展自己的核心素养，必须在教育情境中，将挚爱、追求、专业、审美、研究等整合起来，成为一种综合形态，这样，它们就形成了核心素养。"李吉林情境"值得我们进一步开发和利用。

二、中国儿童情境学习范式的三块基石，让学生核心素养发展扎下根

李吉林构建儿童情境学习范式是个漫长而复杂的过程，但她很快乐，是因为她寻找到了这一范式构建的几块基石。这几块基石让她增强了自信，也使这一范式建立在更扎实的基础上。基石进而又成为一个平台，与传统对话，与世界对话，与未来对话。

第一块基石：中华优秀传统文化。

情境教育受到国外母语教育和经验的启发，但它把根深深地扎在中华优秀传统文化土壤中，从中华传统文化中汲取思想和理论的营养。她说："中华民族文化给予这一研究深厚的理论滋养，特别是'意境说'的理论有更大的启发。一千多年前刘勰的《文心雕龙》以及近代学者王国维的《人间词话》，可谓'意境说'的代表杰作，是中国民族文化的经典，其精髓可概括为情景交融、境界为上。"她深切的体

会是，"'意境说'虽然原本是文学创作的理论，或更确切地说是'诗论'，但在探索教育的过程中，却可'借古人之境界为我之境界'……一切境界无不为我、为儿童所设。"一个"借"，一个"无不"，道出了她在深谙"意境说"内涵、要义的基础上借鉴、迁移与创造的精神。

正是从"意境说"的沃土中，李吉林开掘出"真、美、情、思"四大特点，用于情境教育和儿童学习范式的构建。她的概括、提炼是："真——情境教育给儿童一个真实的世界"。这个世界是活生生的，儿童可以观、可以闻、可以触摸、可以与之对话的多彩世界。"美——情境课程以'美'为境界、以'美'育人"。通过美的形式、美的内容、美的语言，让美滋润儿童的心灵。"情——情境教育注重以情激情、以情育人"。情是教育的命脉，将儿童情感活动与认知活动结合起来，促使儿童的思维、想象、记忆等一系列的智力活动处于最佳状态。"思——情境课程讲究广远的意境、宽阔的想象空间"。以"意境说"中的"神思"之说，让学生在学习中思接千载、视通万里。

李吉林总结说，"'意境说'中的真、美、情、思，我以为正是儿童教育之所需"，而教师也应是"不失其赤子之心者"。这四个要素指向了儿童的核心素养，亦指向了教师作为"赤子"的核心素养。

第二块基石：现代学习科学理论。

根植于中华优秀传统文化，情境教育形成了中国特色、中国品格和中国气派。情境教育又是一个开放的系统。李吉林把目光投向了国际教育改革的潮流，关注现代学习科学理论研究的新动态、新进展，促使中华传统文化及其教育理论、思想与现代学习科学理论发生连接，寻找其中联系、整合的契合点，又将这一切运用于情境教育中，情境教育既彰显东方智慧，又回应世界教育改革的走向，形成了大格局、大气象，显示了理论的高格调。

学习是一种科学。李吉林学习、借鉴现代学习科学理论把重点放在教学设计上。她敏感地捕捉到："这些年来，教学设计在国际上已经发展成各类设计工程中的一个新的领域。教学设计的国际观及对其理论、研究、模型、规划与进程的新的阐释，给我和我们团队的教师很多启示。"她将教学设计概括为以下几个方面。一是"学习知识的复杂性——整合知识，选择最佳途径设计情境"；二是"学习过程的不确定性——以情激智，唤起持久投入的内驱力"；三是"学习系统的开放性——连接生活，凭借活动历练实践才干"；四是"学习催发潜能的不易性——着眼创新，不失时机发展儿童的想象力"。以上四个方面，针对儿童学习知识的复杂性、学习过程的不确定性、学习系统的开放性以及学习催发儿童潜能的不易性，以"利用艺术之美""情感生成之力""凭借儿童活动""发展想象、培养创造力"为对策，进行了高水平的教学设计，促进儿童快乐、高效地学习。这样，现代学习科学理论聚焦并融合于教学设计中，而教学设计又以儿童学习为核心，形成了清晰的思路，体现了儿童情境学习的特色。

第三块基石：为儿童研究儿童的理念与方式。

儿童是情境教育的主语：情境教育是为儿童的，基于儿童的，以儿童为主体的，以儿童创造为境界的。这是李吉林的信念。是深入的儿童研究，让情境教育真正成为儿童自己的教育，儿童的核心素养也正是在这样的情境中培养、发展起来的。

李吉林的儿童研究有三个特点。其一，从宗旨看，她提出一个十分重要的概念：为儿童研究儿童。这是一句大白话，但意蕴却丰富而深刻。也用一句大白话来形容，那就是这句话"很有嚼头"。儿童研究有不同的目的、方式，也就有了不同的境界。有的儿童研究不一定为儿童，而是为自己，为自己有理论建树，为自己能有学术成果，甚至为自己成名成家；有的则可能为了学校的声誉；等等。显然，这样的儿童研究目的不能说没有道理，但还不是儿童研究的根本目的，因而不可能真正认识儿童、发现儿童，也就不可能去研究和把握儿童身心发展的规律和特点，当然就不能有效培养和发展核心素养了。李吉林为儿童研究儿童坚守了几十年，因此，她所创立的情境教育一定是儿童自己的情境教育，儿童本身也就成了发展的情境。这不只是方法，也是一种具有超越意义的境界。

其二，从过程和方式看，与儿童一起研究。研究儿童是为了发展儿童，而在李吉林看来，儿童发展是儿童的主体行为，他们不只是教育的对象，也不只是接受研究的对象，处在"被研究"的状态，而应在教师的引导、帮助下，与教师一起研究，这样的研究是真正的学习，也是一种深度学习。李吉林采取各种办法，与儿童一起研究。首先，这是一个情感培养、学习动力激发的过程，因为她认为"儿童是情感的王子"。其次，她让儿童参与到教育活动过程中来，无论是看日出，还是小实验、小研究，或是课堂里的情境表演，儿童都参与设计，参与资源开发，也参与评价。因为李吉林说，儿童有无限的潜能。再次，在李吉林的语文教学中，教学过程就是教师与儿童一起研究的过程，教师的研究与儿童的研究融为一体，因为她认定，学习、研究在情境中发生。

其三，从前提与保障看，教师也是儿童。李吉林说："我，一个长大的儿童。"她是儿童，她说："在爱孩子中长大。我把这种爱，升华成自己的理念，又把它细化成自己的行为。"只不过，她是一个长大的儿童，长大的儿童可能容易动情，不过，她又说，"我又有意志"。这种意志来自教师的意识和责任。正是"长大的儿童"成为儿童研究的前提和保障，儿童与儿童相遇，才会发生真正的教育。儿童与儿童的相遇、对话是最为神圣、精彩的教育，是最为生动丰富的情境。

以上三块基石支撑着情境教育，同样支撑着儿童核心素养的培养和发展。中华优秀传统文化让学生的核心素养发展有了根与魂，有了文化自信，他们会走向世界与未来；现代学习科学理论，让儿童学会学习、学会发展、学会创造，用科学去引导儿童发现问题、研究问题、解决问题；为儿童研究儿童、儿童自己研究、与儿童一起研究，儿童在主体行为中成为发展需求的发出者、参与者、研究者，核心素养在研究中"长"了起来；更为重要的是，三块基石一起在儿童的学习中融合，知识、能力、情感态度、价值观以综合的形态呈现，核心素养形成了、发展了。

三、儿童情境学习范式中的要素、操作要义等可以转化为儿童的学习活动和学习方式，催生儿童的核心素养

儿童在情境中究竟是怎么学习的，快乐而高效的学习究竟是怎么发生的，这是李吉林一直致力研究的重点，而且她作了准确的概括：情境创设的六条途径、情境教育操作的五个要义、促进儿童发展的五要素，并在情境语文、情境数学、情境科学、情境体育、情境美术等学科作了具体方法的探索。所有的这些要素、要义、途径、方法，都已转化为儿童的学习活动和学习方式，抑或说，这些要素、要义、途径本身就是儿童的学习活动、学习方式，更别说学科中的具体教学方法了。正是这样的学习活动、学习方式，孕育着、发展着儿童的核心素养。

先看五大操作要义。李吉林所概括的五大操作要义是：以"美"为境界，以"思"为核心，以"情"为纽带，以

"儿童活动"为途径，以"周围世界"为源泉。虽为操作要义，实质却是学生发展核心素养的个性化表达。这一表达既具有情境教育的特点，又具有重要的普遍意义。第一，实质上，这是学生发展核心素养的五大要素，这五大要素形成了核心素养的逻辑结构。从情境教育的角度看，核心素养就是应以"美"为境界，以"思"为核心，以"情"为纽带，以"儿童活动"为途径，以"周围世界"为源泉的。第二，这是学生发展核心素养的逻辑顺序。让儿童开发丰富的资源，在生活的源泉中，展开自己的学习活动，在情感的伴随与催发下，认识世界、发现世界、与世界对话，提升思维品质和思维能力，臻于审美境界。第三，五大操作要义，五个"以"不仅意味着对象与条件，也极具操作性，可以转化为儿童的学习活动，包括学习的策略、路径和方式。

再看情境教育促进儿童发展的五要素。李吉林作了概括，其中三条是：以培养兴趣为前提，诱发主动性；以指导观察为基础，强化感受性；以训练学科能力为手段，贯穿实践性。此外，还有与发展思维相联结的着眼创造性，与激发情感相联结的渗透教育性。兴趣—主动性、观察—感受性、学科能力—实践性、思维—创造性、情感—教育性，这五要素，前者是手段、方法，后者则是价值取向；前者形成了学习活动的闭合环，后者则形成了价值链。五大要素组成了儿童完整的学习过程，也正是儿童核心素养发展的完整过程。李吉林将它们称为"促进儿童发展的五要素"，这不正是儿童核心素养发展的五要素吗？

再看儿童情境学习最佳环境范式。环境可以形成学习情境，但也有一个转化、优化的过程。学生发展核心素养离不开最佳的环境。最佳的环境首先是教育空间的拓宽。儿童所在的空间，不应是封闭的，而应是开放的；不应是停滞的，而应是流动的。在这样的空间，学生才会有更广阔的视野、更丰富的资源、更多彩的创造性。最佳环境重在心理空间中人与人之间的距离，消除疏离感，增强安全感和亲近性，心与心的沟通、交流，擦出真实的情感火花，让学生进入最佳的情绪状态。最佳环境关键在角色定位和角色效应的放大。在情境教育中，只有"教师学生"和"学生教师"，没有其他的角色，就是说，无论是教师还是学生都应是教育教学中的主体，是合作的伙伴，是学习和发展的共同体。

对情境教育的中国儿童情境范式作了简要的梳理和初步分析，在这一过程中，我越来越感受到中国儿童情境学习范式与中国学生核心素养发展范式是相契合的。而且还可以这么去判断：中国儿童情境学习范式为中国学生核心素养发展范式提供了鲜活的样本，为我们深入理解学生发展核心素养开启了一扇重要的窗户，让我们看到了中国的风景。情境教育对中国学生发展核心素养的研究与实施是有贡献的。

陶西平：实现教育过程的
整体优化

2020 年 5 月 19 日早晨，陶西平先生在北京逝世。噩耗传来，我立即起身，向着北方三次鞠躬，遥祝先生一路走好，然后呆坐在椅子上，不禁遥想当年。

1986 年初冬，教育部组织了改革开放后第一个"中国小学教育赴美考察团"，陶先生是团长，我是团员。那是我第一次见到陶先生，也是第一次与先生相处十多天，而且是在异国他乡，感触很深。当时我对美国尤其是对美国小学教育知之甚少，但是陶先生对此却相当熟悉，足见他的视野之宽、功底之厚、"备课"之认真。他每一次的致辞，他交流中的谈吐，他考察后的评点，都让所有人钦佩不已。改革开放后，陶先生给美国同行留下极深的印象，我想这不仅是因为他儒雅的君子之风，更重要的是他的眼界、见识和前瞻性的教育理念，他代表着中国教育人的形象。现在回想起来，也许正是那一次赴美考察，让陶先生加快了国际教育交流、合作和研究的步伐。

也想起大概是 2015 年，江苏南通名师培养导师团委托我邀请全国著名教育家讲课，我第一个想到的就是陶先生。我知道陶先生的行程安排很满，所以用试探的口气给他打电话，没想到先生一口应允。我第一反应是先生是个念旧情的人，是爱护、帮助教师的人，他虽然身材高大，却身姿很低。那是一个夏天的傍晚，先生从北京到上海，又风尘仆仆地来到启东的一个乡郊，海风吹乱了他的头发，让我深感不安。对于第二天的讲座，听课的未来名师们反响极好，用八个字来概括："家国情怀，国际视野"。我们在东海边，瞭望大洋彼岸，国际教育改革的信息在这里汇聚，形成了一种特有的气象。

当然，三十多年来，我和陶先生的接触还有很多次，但每一次接触都有新的感悟。哲学家贝尔纳黛特·盖里泰-埃斯说，每一次的经历都是"在时间里注册"。时间记录并"注册"了陶先生的教育思想，于我则是"注册"了对陶先生教育思想的真切感受。

一、陶西平教育思想透射的文化特征

"我们全部的尊严就在于思想。"帕斯卡尔这一关于思想价值的判断至今仍是经典。我们对陶西平先生的尊重就在于对他教育思想的尊重，思想让陶先生获得了崇高的尊严。陶先生的淡定、儒雅，在于他思想的通达和坚定，他的教育思想犹如一叶智慧的扁舟，带着我们远离浮华虚空的此岸，驶向未来而又可触摸的彼岸，于是我们也增加了一份淡定和自信。

思想在时间里"注册"，同时"注册"的还有情怀、道德、文化，最终"注册"了人格。因此，思想并非虚无缥缈，而是有落脚的地方。也正是落脚于情怀、道德、信念，思想才得以孕育并生长起来；长在人格深处的思想才有力度，才会真正成为人的灵魂。对陶先生教育思想的学习和研究，也要遵循这样的理念，从他人格的方方面面来透视他教育思想的文化特征。

其一，人格特征："尊德性而道问学"——教育思想中透射出的大情怀。 陶先生是做学问的人，是有学问的人，但他首先尊德性、有道德，两者联系在一起便是道德文章俱佳。尊德性，表现在他对人的尊重，是个有情有义的人。大凡母校北京四中请他去作讲座，即使原本请的不是他，他都毫不计较，爽快答应。在陶先生的心目中，母校永远是圣洁的，是要感恩的。担任北京十二中校长时，他给学校留下的最宝贵的财富是"同心同德，兢兢业业，求实创新"的校训，以及严于律己、宽以待人、淡泊名利、厚德载物的形象。后来即使当了北京市教育局局长、北京市市长助理、中国教育学会副会长、联合国教科文组织协会世界联合会副主席，他也总是说，我顶多是一名认真的教育工作者。他创办了《中小学管理》。30多年，他一直亲自指导《中小学管理》发展，担任首任主编和编委会主任，坚持实践取向，使杂志成为教育学术期刊里独特的风景。他对边远地区、穷苦地区教育的关怀，更是满蘸浓浓的情、深深的爱。人格的高尚，让陶西平教育思想温暖而美好，也更有力量。陶先生以自己的道德情怀站在学术研究的制高点上。"尊德性而道问学"成为陶西平教育思想的人格特征，成为他作为教育家的精神标识。

其二，论域特征："致广大而尽精微"——教育思想中透射出的大格局。陶先生研究教育有大视野，研究重大问题，从发展战略上思考问题，提出整体性策略，同时又从小处着手，具体入微，一步一个脚印，一个环节、一个环节地去落实。他将中国教育研究与国际教育研究结合起来，统一在一起。"本土情怀，国际视野""全球趋势，本土行动"是对陶先生研究领域之宽之深的共同评价。他将基础教育与其他类型教育的研究关联起来、贯通起来。普通教育与职业教育，公办教育与民办教育，中小学教育与幼儿教育、特殊教育，等等，他都予以关注，都在他的研究视野之中。他将课程、教学、评价、管理加以整合，形成研究链条……大视野带来大格局，大格局带来大气象。他充分肯定北京四中"大气成就大器"的观点，进一步阐释说："好的教育确实应该是'大气'的教育。这种'大气'指广阔的视野、长远的目标、深厚的底蕴、高雅的品位。"致广大而又尽精微的大格局大气象又细致入微，在陶西平教育思想中熠熠闪光。

其三，选择取向特征："极高明而道中庸"——教育思想中透射出的大智慧。沙培宁老师在对《陶西平教育漫笔选集》的书评里这么评述："陶老对'涌动的潮流'的关注，不是停留在相对平滑、明朗、光鲜的理念或理论的表层，而是沉潜到可能有暗礁、有湍流、有起伏的河床、有曲折的河道的实践深层""从广袤的大地中生长出来""基于田野、回归田野、天地融合"。此评述极是。研究者们总是在理论与实践的关系中摇摆、徘徊，以至于发生偏差。陶先生却从来没有，他的研究总是带着从容中的自由、平衡中的高蹈，因为在他的教育思想中，理论与实践原本就是融合的、贯通的，两者相互趋近，然后在某处会合。这是中庸之道。中庸之道是"极高明"的，是一种大智慧。所以有人评论称，陶先生是教育实践家、理论家、引领者、领导者。中肯的评价道出了陶先生"上下求索而常人不能为之"的楷模形象。庄子关于大智慧的论述"大智闲闲""大言炎炎"的品格特征已鲜明地凝结在陶先生的身上。

陶西平教育思想的核心特征，用一句话来说就是"我还是那颗心"。这颗心熠熠生辉，照亮了他的教育思想，照亮了教育的天空。

二、实现教育过程的整体优化：陶西平教育思想的核心主张

因为论域宽、致广大，陶西平教育思想有许多触角，有各种不同类的闪光的侧面，像是一处处金矿，可以汇聚成一座金山，等待我们去探索和开发。陶西平教育思想的丰厚性在诸多教育家中是不多见的。

丰厚、多视角、多侧面并非散乱，而是有一个核心主张将各方面的论域串联、贯通、编织起来，形成网状结构，提纲挈领，彰显其教育思想的整体性、系统性和层次性。这个核心主张是什么？又在哪里呢？有个情景让所有人为之动容：病重期间，陶老已无法睁眼，无法自主呼吸、进食，只能靠呼吸机和鼻饲维持，医院已报病危。就是在这种情况下，陶先生闭着眼睛，摸索着在小白板上写下一行字："我的教育追求就是实现教育过程的整体优化。谢谢大家，我还是那颗心。"发自肺腑的这句话——"实现教育过程的整体优化"正是陶西平教育思想的核心主张。这一核心主张在他心里已存活了几十年，从萌芽到形成，到发展，到结出丰硕的果实，直到他走的最后一刻，念兹在兹。这是他为之奋斗一生的心愿，是支撑他一生的永恒价值，是他给后世教育改革的一个庄重的交代，是留给我们最为宝贵的思想财富，是他那颗滚烫的心，永不改变，忠贞不渝。这一核心思想建构了

陶西平教育思想的体系，是陶西平教育思想的魂与魄。这一魂与魄其实质是五育并举下的五育融合。

（一）"实现教育过程的整体优化"的学理基础与本质

"实现教育过程的整体优化"是陶西平教育思想的本体论。教育是各种要素相互作用的完整的活动，是各种要素互动、生成意义的过程。教育过程的完整性是教育的题中应有之义，是教育的要义。教育哲学家怀特海在《教育的目的》里用注释的方式，以一个比喻道出了教育的这一含义："我不愿意为取金蛋而杀掉我的老母鸡。"老母鸡是不能被肢解的，也不能为了结果——取金蛋而杀掉老母鸡这一生命体。因此，怀特海开宗明义："零零碎碎的信息或知识对文化毫无帮助。"再往深处讨论，教育是培养人的活动，教育过程的整体优化也是基于人的整体发展的必然要求。人的整体性要求教育过程的整体优化；教育过程的整体优化，促进了人的全面发展，整体优化教育的过程亦是整体优化人的发展过程。十分遗憾的是，原本众所周知、毋庸置疑的常识，却被无情地遗忘、丢弃。但是，陶先生将这一常识深深扎根在心里，以至成为他的"那颗心"，坚信不疑、坚定不移。熟知并非真知。陶先生始终不渝坚守这一核心主张，不只是着力于整体，更是着眼于过程的整体优化。教育过程不是各要素的简单组合，而是在整合时的科学、合理、融通和升华。

（二）"实现教育过程的整体优化"的核心价值

"实现教育过程的整体优化"是陶西平教育思想的核心价值观。

核心价值要义之一：追求教育公平与义务教育均衡发展。2009 年起，陶先生参与《国家中长期教育改革和发展规划纲要（2010—2020 年）》的研制，担任国家教育发展战略教育公平组的组长，后又担任国家教育咨询委员会义务教育均衡发展组组长。他非常鲜明地提出："树立科学的教育公平观""为了真正的教育公平""要更加注重教育公平"。实现教育过程的整体优化首先指向教育的公平，实现义务教育的均衡发展。

核心价值要义之二：促进教育的可持续发展。整体优化过程与可持续发展有着密切的内在关联性，陶先生将两者统一起来。他在担任中国可持续发展教育指导委员会主任时，着力于推进可持续发展教育的时代特色、能力建设以及学校与地区的素质教育实施。他所主持的这一项目被国际权威专家称为"旗舰项目"，推动了"重视可持续发展教育"理念进入《国家中长期教育改革和发展规划纲要（2010—2020 年）》。显然，教育的可持续发展是"实现教育过程的整体优化"的重要目的和显著特征。

核心价值要义之三：推动教育现代化建设。教育现代化的本质是人的现代化，其过程是漫长的。教育过程的整体优化说到底是对人的全面发展的整体优化，人的全面发展的整体优化必然推动教育现代化的进展。陶先生主持区域教育现代化研究，将研究方向定位于区域教育现代化的途径和评价体系，旨在通过协调发展推进教育过程优化。

（三）"实现教育过程的整体优化"的体系建构

"实现教育过程的整体优化"是陶西平教育思想中的系统论。整体优化不是偏于一隅，也不是平面的，当然更不是碎片化的。陶先生立足于整体优化，着力建构一个较为健全的教育体系，将整体优化落实在体系建构中。在教育的类别上，陶先生在关注基础教育的同时，关注并研究职业教育，提出："发达的职业教育是建设现代化强国的必要条件""职业教育改革势在必行"，其关键是"与时俱进"。他关注并研究民办教育，担任民办教育法起草领导小组成员，2008 年起担任中国民办教育协会会长，召唤"肩负起民办教育的社会责任"，建起"中国民办教育发展史上新的里程碑"。他关注并研究家庭教育，开展家庭教育的指导行动，协调各方面家庭教育的力量，在他的推动和影响下，北京市的家庭教育为全国树立了一个榜样。在教育的体制上，陶先生坚持义务教育以县为主。在教育的机制上，陶先生以加强教育督导和教育评价为重点。

（四）"实现教育过程的整体优化"的突破口

"实现教育过程的整体优化"也是陶西平教育思想中的方法论。整体优化需要有切入口和突破口。陶西平研究教育过程的整体优化，有几个重要的切入口、突破口。其中尤为重要的是学校内部管理体制改革与教育评价。如上文所述，教育过程整体优化关涉教育体制改革。陶先生在研究宏观教育管理体制改革的同时，大力推进学校内部管理体制改革。在担任校长期间，陶先生借助系统论，分析了学校内部管理诸因素的相互关联和制约关系，提出以整体优化思想改革学校管理体制，实施校长负责制、教职工代表大会制、教职工聘任制三位一体的管理体制改革，激活了学校的创造力。在担任北京市教育局局长后，他向市政府提出在全市推进学校内部管理体制改革，开创了激发学校内部活力的理论与实践。此外，他将教育评价改革作为突破口，用评价撬动改革，推进教育过程的整体优化。陶先生主编的《教育评价辞典》正是其教育评价理论与思想的集中体现。

三、陶西平教育思想的核心关切

陶西平教育思想致广大，又尽精微。广大并不意味着大而无边，必须落实到具体的改革载体上；同样，尽精微，也不意味着丢掉全局而拘泥于细枝末节，不能跳脱出来。致广大与尽精微在陶西平教育思想中得到了完美的体现，他将这一核心关切落实在学校教育教学改革之中。这一选择并不难理解。陶先生是从学校走出来的，对学校的内涵建设以及内部管理改革有亲身的经历，那份情怀、那些经历让他始终把关切的目光投向学校。更为重要的是，学校是教育的细胞，每一个细胞健康，教育的肌体才会健壮。纵观中外教育改革，它们大多是从学校的改革实验开始的，无论是杜威的实验学校，陶行知的晓庄学校、育才学校，苏霍姆林斯基的帕夫雷什中学，还是当今的北京市十一学校、清华大学附属小学。陶先生关于教育过程的整体优化思想也是源于他任北京十二中校长时的教育整体改革。陶先生深谙这些史实与现实，又听从时代的召唤，用尽精微支撑致广大，让中华传统文化的思想精髓在今天的教育改革中得以弘扬。学校教育教学改革、管理改革是陶西平教育思想中极为闪光耀眼的一部分，他的那颗心永远在可爱的校园里跳跃。

其一，对学校素质教育的关切。 陶先生对素质教育有自己的独到见解。他认为，推进素质教育应聚焦于教与学，要为时代而教，为发展而教，为"不教"而教。为时代而教，即素质教育既要扎根中国大地、办出中国特色，又要适应时代的要求，跟上时代的步伐，让素质教育带领我们走向未来。为发展而教，即学生是发展中的人，发展中的人是不断完善、不断进步的人，发展要走在教学的前头，教学要促进发展，素质教育是以发展人的素质为宗旨的教育。为"不教"而教，即发展是不可代替的，不教是为了彰显学生的主体性，教是手段与过程，"不教"才是目的；教是暂时的，"不教"才是长远的。陶先生在教与"不教"中让思想充满张力，诞生教学的精彩。为时代而教，为发展而教，为"不教"而教，最终是为了育人。对人的关切，对育人的关切，是陶先生对素质教育的核心表达。

其二，对学校德育的关切。尊德性而道问学的人必然关注和研究德育。陶西平教育思想中关于德育的研究有三个重要特点。一是德育首先是对人的尊重。尊重是人性的起点，是道德的起点，当然也是教育的起点，从尊重人开始的德育才是审美的、愉悦的，才是让人站立起来的有尊严的德育。二是研究德育流程。德育流程是基于学生品德养成过程规律的探寻。德育流程离不开德育方式，德育方式必定是道德的方式，假若方式不具备道德性，那么德育就会偏离道德的轨道。只有让德育流程回归德育本来的规定，德育才能够名副其实。三是增强德育的渗透力。道德教育应是无痕的，但最终是"有痕"的，是长期无痕德育在人的文化心理上的沉淀。"随风潜入夜，润物细无声"，这是智慧的渗透，其结果是"春种一粒粟，秋收万颗子"。

其三，对开发学生潜能的关切。2008 年 8 月，陶先生代表中方与美国亚利桑那大学琼·梅克教授签署了"借鉴多元智能理论开发学生潜能的实践研究"课题研究协议。这项国际合作项目通过研究逐步形成适合学生多元潜能的学校课程和以"问题解决"为导向的教学策略，以及相应的多元多维教育评价体系，为国家基础教育课程深化改革提供了参考依据。开发潜能直接指向学生未来发展的无限可能，又将无限可能呈现在当下现实性的整体优化上。

顾明远教授为陶西平先生仙逝题写了一副挽联："祖国情怀，世界眼光，博学睿智，奉献教育终身；共同理想，交谊四旬，相济相助，泪送挚友仙逝。"这既是对陶先生人格的赞美，也饱含着对陶先生教育思想的肯定与赞颂。两位教育家为了教育相互辉映，发出了教育家精神之光。

朱小蔓：
永远和崇高之美在一起

朱小蔓老师很美，她永远和美丽在一起。道德的美好、学业的深厚、学术的纯粹、高尚的心灵，让她的人生永远美丽，永远闪亮，我们永远怀念。

和朱小蔓老师认识比较早，接触也比较多，后来接触越来越多，因此，对她的美，感受也越来越多，也越来越深。她留在我记忆里，她以自己的美映射了审美的本质：崇高。

记得 20 世纪 90 年代末，我去江阴华士实验学校参加中央教科所基地的研讨会，朱小蔓老师时任所长，是会议的设计者和主持人。那天上楼时看到了墙上挂着一些教育家的照片，其中有苏霍姆林斯基，而旁边就是朱小蔓的一张肖像。学校如此的设计和安排，意图很明显，我当然领悟到了，也深为赞同和感动。我在朱小蔓老师的照片前驻足了好几分钟，情不自禁地说了一声："朱老师真美！"朱小蔓正好经过，她肯定是听到了，可她没有说任何一句话，只是微微笑了一下，便悄悄地走了过去。她真正的美，不仅在她的学术，更重要的是在她的生命，在她的灵魂，还在她的默默奉献之中。朱小蔓并未关注自己的美，但在不经意间已让人称羡不已。这便是庄子所言，"大智闲闲"，大智者，从不张扬，而是在默默之中，有从容的心态、谦逊的品格。

朱小蔓把整个生命献给了教育。她一生都在不懈探索并努力构筑理想的教育。也许她对教育的情怀是在她中小学时期就萌发、生长起来的。我曾参加过南京九中的校庆研讨会。作为著名校友，朱小蔓也参加了，我为她主持了报告会。那天她深情满怀，回忆母校的生活，其中有老师的谆谆教诲，还有当年参加"小红花"的经历，讲得激情满怀，诸多细节令人动容。对母校的爱，对老师的爱，如清泉一样流淌。她爱母校、爱老师、爱教育，并把这种爱带到了大学，带到硕士学习生活中。她读南师大的教育专业，跟鲁洁老师读博士，留校当老师，这些，正是早年那颗钟爱教育种子的继续生长。她尤爱农村教育。2008年，朱小蔓担任联合国教科文组织国际农村教育研究与培训中心主任，她把关注的目光更多地投向农村，把关爱更多地给了农村，给了农村孩子。她既研究国际农村教育的发展走向，又研究中国农村教育的"以县为主"管理体制对国际农村教育的影响；将中国农村教育纳入世界格局，也让国际农村教育关注并借鉴中国农村教育发展的经验。宽广而又深沉的教育情怀让朱小蔓永远美丽。

朱小蔓把整个生命献给了学术研究。她的一生都在构建情感教育体系。她在读博士时，就以情感教育为研究方向，率先提出情感教育命题，足见她的学术敏感性和前瞻性，足见她对教育规律把握的准确性，对学生发展时代特点的准确判断。在我的记忆深处永存着一个特别的情景。2015 年 11 月下旬，第六届情感教育暨中陶会教育与情感文明专委会成立会议在南通市田家炳中学召开。会议有三个关键词：情感教育、生命教育、教师教育。会议着力研究情感教育与生命教育的内在关联，探索如何通过提高教师情感素养，构建良好的师生关系，从而达到教育教学活动呈现出情感教育、生命教育之相融相长的气象。朱小蔓主题报告的题目是《学校与人的情感文明：信念与方法》，还有一个副标题："以个人研究经历为线索的讲述"。报告以"信念的不断磨砺，方法的不断跟进——30 年情感教育研究的基本心得"为中心，激情澎湃而又从容地讲述着，把现场带到那个迢迢的研究历程中，感受她的信念，学习她研究的方法。在她报告后，我好像是这么说的："从朱小蔓老师的讲述中，我们仿佛看到一个学者在情感教育之路上的远行，蓝天白云下，行走得那么富有激情，那么坚定，一走就是 30 年。"她是一个学者，并不孤独，她以真挚的情感带领我们，而我们永远陪伴着她。朱小蔓本身就是情感教育的精神和思想的符号，闪耀着情感文明的熠熠光彩。不懈地追求于高深的学术研究，贴着大地行走，让朱小蔓永远美丽。朱小蔓老师是了不起的，是伟大的。

朱小蔓老师把整个生命献给了学生。她的生命在学生情感脉管里流淌。张晓东是她的博士生，从报考开始，朱老师就关心他、鼓励他，一次还专门给我打长途电话，转述她对晓东的评价、期待和要求。可以说，晓东院长学术上的长进，能成为当下一名有影响的科研专家，和他跟朱老师读博是分不开的。这是一条分水岭，在朱老师引导下，晓东院长迈开了教育科研的新步伐。王坤是朱小蔓的关门弟子。我在北京开会时，常与王坤因为教材问题联系。一天傍晚，我和王坤在北师大校园里散步，不知不觉地走进了教学大楼，在朱老师的办公室待了几十分钟。只见办公室有一张躺椅，有暖水瓶，当然还有电脑，许多翻开的书……这里已成王坤读书、思考、写论文的地方，朱老师的办公室成了学生的书房、写作室！房间虽然显得凌乱，但是仍是那么有读书味、学术气，那么温馨。相信王坤永远忘不了朱老师的办公室——自己的书房。爱生如子，她可能对自己的孩子陪伴不够，关心不够，好在子女理解她。正是教育学生成才，正是学生的发展，正是她的仁爱之心、道德情操、育人智慧，让朱小蔓老师永远美丽。

朱小蔓把整个生命献给了教材建设。她创造性地探索《道德与法治》教材的呈现方式。课改以后，朱小蔓领衔主编过小学《品德与生活》《品德与社会》以及初中《思想品德》教材，都获教育部审查通过。统编以后，她仍然被委任初中《道德与法治》总主编。她几乎用上了所有的时间、全部的精力，她的弟子、参与编写的老师们都说，朱小蔓老师是拼着命在干，在无私地奉献，在燃烧自己。她牢牢把握立德树人这一根本任务，培育、践行社会主义核心价值观，坚守生活的逻辑，改变知识传授的体系，建基于学生的生活经验，让学生在真实、丰富的情景之中探索、体认；她将情感教育理念自然地渗透在教材中，用情感这一"燃料"点燃学生的学习动力，用情感呼唤道德，提出"有助于道德的知识"的学识概念，引导学生道德学习，帮助初中学生精神发育与生命生长。那时，我是审查组的组长，常与编写组一起讨论修改。有一次讨论修改时，朱小蔓老师突然哭起来，而且哭得响，哭的时间长，劝也没能劝住。她没有任何掩饰，没有任何顾忌。她为追求教材的完美而纠结，她为问题的破解还没有找到好办法而着急，编写过程中的一切酸甜苦辣刹那间都涌上了心头，她需要释放啊！我理解，我们都理解，因此没有再劝说她。今天，朱小蔓老师伤心的哭声还在我耳畔，还像当时，不，比当时还猛烈地撞击我们的心灵。朱小蔓老师为国家教材建设做出的贡献，让她永远美丽。

朱小蔓老师是教育家，她永远和教育在一起！她的思想和心灵，永远和学术在一起，永远和美在一起；她的情感和生命，永远留在学术研究成果中，在她曾经编写的教材中默默地激发，学术有了情感的"表情"。她是美的化身，我们永远将她的美铭记心里，也让自己崇高起来。

顾明远："明远四句" 教育的至简大道

　　"没有爱就没有教育，没有兴趣就没有学习，教书育人在细微处，学生成长在活动中"，这四句，我们将其称为"明远四句"。

　　中国历史上有许多知名的"四句"。比如，北宋张载先生的"横渠四句"："为天地立心，为生民立命，为往圣继绝学，为万世开太平。"还有王阳明先生的"阳明四句"："无善无恶心之体，有善有恶意之动，知善知恶是良知，为善去恶是格物。"今天我们有"明远四句"。**无论是"横渠四句""阳明四句"，还是顾明远先生的"明远四句"，都是中国文化对人生、对理想、对教育意义和价值的凝练和表达，闪耀着中国智慧、中国风格的思想光芒，透射出中国力量和审美意蕴。**

　　"明远四句"是对教育家精神最具体、最鲜活、最深刻的诠释。教育家精神并不遥远，它的内涵非常深刻，但是并不深奥；教育家精神是崇高的，但绝不是高不可攀的。顾明远先生是我们心目中公认的教育家，他的"明远四句"鼓舞着我们不断地改进自己的教育教学，像教育家那样做老师，像顾明远先生那样教书育人，努力培养担当民族复兴大任的时代新人。

如果对"明远四句"的价值意义作一个概括，我想至少有以下四点：

第一，"明远四句"是具有中国特色教育学自主知识体系建构中的一个教育信条，是我们的信念，是我们的精神，是教育的真谛。

当前，我们亟须建构中国特色教育学自主知识体系，建构中国特色的教学理论，少不了顾明远先生和"明远四句"。从宗旨上看，"明远四句"高度指向育人，培养什么人、怎样培养人、为谁培养人，包括谁来培养人都能在"明远四句"中找到答案。

从原理上来讲，"明远四句"说出了教育四大要素，这四大要素都是教育中的关键要素，决定着人成长的质量、水平和高度。因此它是有原理性的，它揭示了教育的本质，直抵教育的核心。

从风格上来说，"明远四句"最具有中国风格，它是用"中国方式"来表达的。"明远四句"这一具有中国风格的表达有两个特点：一是"修辞立其诚"。我们的表达应遵从自己的本心，不能虚饰浮夸，有一颗真挚的心，就会有真实、生动而深刻的表达。"明远四句"满怀对教育、对学生、对教师的真爱、大爱，真诚而朴实，是顾明远先生人格的写照。二是"大道至简"。最深刻、最复杂的道理往往用最简洁的话语就能表达出来。就像晋代陆机的《文赋》所言，"立片言而居要"，不要讲得多，要把握其要点。顾明远先生从不故作高深，从不故作高雅，也从不刻意追求与众不同。从不故作高深恰恰是最高深的，从不故作高雅其实往往是最高雅的，从不刻意与众不同恰恰说明它是最有普遍性的，说明它揭示了原理。因此，"明远四句"的第一个特点是，它是具有中国风格的教育学中的精髓。

第二，"明远四句"可以帮助我们建构一个更高水平的育人体系。

"明远四句"的第一句是"没有爱就没有教育"，讲的是情感和发展动力问题、灵魂问题。爱不能代替教育，但是教育千万不能缺少爱。爱是教育的理念，爱是教育的情感，爱是教育的方式，爱是教育的能力，爱是教育的大智慧，缺少爱就没有真正的教育。但是爱不是空泛的，**顾明远先生所讲的"没有爱就没有教育"有一个重要前提，就是康德所讲的"尊重先于爱"**，让尊重走在爱的前面，尊重是爱的起点，尊重是道德的起点，尊重是人性的起点，当然也是教育的起点。没有爱就没有教育，这是教育的前提与灵魂所在。因此，顾明远先生把这句话放在"明远四句"之首。

"明远四句"的第二句是"没有兴趣就没有学习"。当今我们正在课程教学中积极变革学习方式，其实，学习方式变革的已经不只是单纯的方式、方法和手段，也包含了学习兴趣和志向，我们要通过兴趣来培养学生的学习志向，让学习志向激发学生学习的动力。顾明远先生曾谈到夸美纽斯在《大教学论》中讲到了孩子天生是有求知欲望的，他们渴望学习，对学习有兴趣。但是，我们要追问的是，孩子的天性到哪里去了？邵燕祥先生不是写过一首诗吗？诗的大意是：

放风筝的孩子，哪儿去了？难道你们像萤火虫儿一样，让人捉去了吗？难道你们像知了，让人使计粘去了吗？难道你们像雪人，在阳光下被融化了？难道像风筝一样，挂在电线上，被风撕碎，跌落到天边地角，化作尘泥了吗？

放风筝的孩子不见了，是孩子的兴趣不见了；放风筝的孩子不见了，是儿童世界不见了。兴趣是学习的先导、创造的先导。没有兴趣就没有真正的学习，没有兴趣就没有真正的创造。**如今我们正大力培养拔尖创新人才，基础教育阶段可以做些什么？最大的作为就是培养孩子的兴趣。**兴趣其实是一种可能性，兴趣可以点燃我们的想象力，可以激发我们的创造性，因此兴趣是千万不可缺少的，兴趣会激发人的思维。

　　"明远四句"的第三句是"教书育人在细微处"。今天校园里一个一个育人的细节，都是一个一个育人的智慧，这是大智慧。大智慧是关于人的智慧，我们关注细节就是关注人性，关注学生发展的细微之处，就是深入儿童世界里去捕捉他的天性，发现他最闪光的地方。当然，关注细微处，并不代表忽略宏观和整体，相反，正是在纵观大局的前提下，我们观察、发现细节，开发育人智慧。"教书育人在细微处"恰恰是大格局、大智慧。同时，"教书育人在细微处"也是对教师最大的挑战和考验，因为它需要教师持之以恒地付出，以及拥有一颗灵敏的心，以更加细腻、敏锐的状态去感知儿童的世界。

　　"明远四句"的第四句是"学生成长在活动中"。这一句正契合我们课程改革的第五条基本原则——"变革育人方式，突出实践"。只有实践、行动，我们才可能真正抵达育人的彼岸。我们处在理想主义、浪漫主义的状态，我们又在现实中，在理想主义和现实之间有一段最短的距离，这段最短的距离有两个字：行动，或者叫"实践"。实践育人，用马克思的观点来说，就是实践的最高原则："解放实践"，突出人的主体性和创造性。因此，"明远四句"其实是用最简洁的语言帮助我们更深刻地认知实践育人的价值，构建更高水平的育人体系。

　　第三，"明远四句"最具有实践性。

"明远四句"是一个词组，是一个短句，但是我宁可把它当作一个词语——它是动词。所谓动词，就是它是可以操作、可以使用的，是可以应用、可以推广的，是大家都可以践行的。

我们在实践中生长起自己的理论，这种理论叫"扎根理论"。"明远四句"看起来那么朴素、那么简单，但仔细思考、认真实践，又会发现其实它的理论性是如此之强，实践性是如此之强，所以不妨把"明远四句"看作理论和实践的双向建构，并最终形成了一种范式。所谓的教育模式，就是实践化的理论、理论化的实践。"明远四句"正是具有理论和实践双向建构的重要特点。

第四，"明远四句"具有极强的解释性。

"明远四句"给我们研究教育、践行信条留下了一个空间、一个词语、一个概念、一个原理，如果它具有极强的解释性，说明它的空间越大、普遍性越强。事实上，"明远四句"提出了一个方向，形成了一个框架，但是它没有刻板、硬性的规定，它留给我们想象的空间、创造的空间。"明远四句"是在引导我们去想象未来的教育，引导我们去创造美好的教育世界。

顾明远先生说，基础教育首要的任务是打好三方面的基础：打好学生身心健康成长的基础，打好学生终身学习的基础，打好学生走向社会的基础。这"三个基础"对基础教育发展具有重要的指导意义，也与"明远四句"互为呼应、相得益彰："三个基础"既是"明远四句"的目标指向，也是基础和前提；或者说，"三个基础"可以视作对"明远四句"的重要解释与延伸，其中蕴含的教育思想一脉相承。我相信，随着我们对"明远四句"内涵认知的不断加深，我们还可以作出许多新的解释，产出更多的创新成果。

尽管我们说的还不够全面，但是以上4条可以基本上概括"明远四句"的时代价值、实践意义。它具有深刻的意蕴，值得我们好好学习。我相信以"明远四句"为代表之一的顾明远教育思想，闪耀着教育家的精神之光，将会写进中国特色教育学话语体系，映射出中华民族育人思想和智慧的精髓。我们应当珍视之、学习之、笃行之。我们，向教育家顾明远先生致敬！

于漪：教育家以国为家^①

何为教育家？似乎没有确切的定义。在英国罗伯特·R·拉斯克、詹姆斯·斯科特兰等学者所著的《伟大教育家的学说》里，对"伟大教育家"有个描述："人们会发现，在面对现实教育问题时，人们仍然可以通过阅读他们的作品，从他们的思想中获得许多有益的启迪。仅凭这一点，他们就完全可以被称为'伟大教育家'"。这一描述过于宽泛，因而也很模糊，人们难于把握。相比较，"弘扬教育家精神"却鲜明、具体，形成了中国自己的话语体系，彰显了中国教育家精神的独特性。无疑，这是关于教育家论述的一大贡献。

"心有大我、至诚报国的理想信念"，这是中国教育家精神的第一个精神特质，是教育家的灵魂，闪耀着教育家"伟大"之光。教育思想是无国界的，但教育家是有自己祖国

---

① 本文写作参考了《于漪：从草根教师到人民教育家》。

的，教育家首先要深爱自己的祖国，心里装着祖国，教育家胸怀"国之大者"。如果作一演绎，孙孔懿先生提出"教育家以教育为家"，直抵教育家精神品格的核心要义；如果再深入一步，那就是"教育家以国为家"。史实正是如此。在中华民族苦难岁月里，教育家发出历史的呐喊："读书不忘救国，救国不忘读书"，举起"教育救国"的大旗。如今，教育家一直坚持理想信念：教育兴国、教育富国、教育强国。教育家精神照亮了建设教育强国的中国梦。

教育家为我们树立了"教育家以国为家"的榜样，成为我们教育旅程中的标杆。叶企孙在文章中写道："有人怀疑中华民族不适宜研究科学，我觉得这些论调没有根据"。李政道，既是科学家又是教育家，凡是说到"中国"时都说"我的祖国"。他与吴冠中、华君武一起画科学随笔画传时，不约而同地在序言中提到了一幅有关"三只小鸡"的画：《谁知蛋鸡哪先生，只愿代代有继人》。李政道不忘乡音，备注："上海家乡话，蛋和代、鸡和继同音。"祈盼祖国后继有人，时时放心上。李吉林曾建议小学语文教材要将"我是中国人，我爱自己的祖国"放在最重要的位置，她说，这是语文教学的使命。顾明远一直关注中国教育改革之路，呼唤"我们要有良心"，对祖国的未来负责……爱国情、强国志、报国行，教育家们"言为士则、行为世范"，谱写了"教育家以国为家"的壮丽诗篇，经典将会永流传。

今天想说的是于漪。2019 年 9 月 17 日，国家主席习近平签署主席令，授予她"人民教育家"国家荣誉称号。颁奖词是这么写的："她已是 90 岁的耄耋老人，有着 60 年的教学生涯。她依然活跃在语文教学改革的第一线，坚守'在讲台上用生命唱歌'。她深爱着学生，痴迷着语文教学，'我做了一辈子教师，但一辈子还在学做教师！'她用这样的话语不断地鞭策着自己，也勉励着更多的青年教师。于漪，师者的楷模。"

是的。我们听了于老师的心语："我是个实实在在的草根教师……是人民养育了我，党长期教育我，无数革命先烈、革命前辈、英雄模范指引我，多情的土地、源远流长的民族文化开阔我的胸怀，强国理想、中华民族伟大复兴的壮丽美景给了我无穷的力量，我总觉得有用不完的劲，要前进，前进，小跑步前进。"心语源自她的灵魂深处，母校镇江中学"一切对民族负责"的校训永远镌刻在生命之中。她的学生如今已成了优秀教师，也这么说："你听于老师讲那些民族啊、国家啊的话，她说，我就会信，因为我知道是发自肺腑的，从心底讲出来的，怎么说就怎么做。"于漪老师是我们的楷模：有信仰的教师讲信仰，爱国的教师讲爱国，对民族负责的教师讲为民族复兴担责。

是的。粉碎"四人帮"后，当她站上讲台的时候，许多人劝她改行，而她却选择坚守讲台，因为她说："教师一个肩膀挑着学生的现在，一个肩膀挑着国家的未来。"早在20世纪60年代，她就鲜明地提出"要胸中有书，目中有人"；80年代，她率先提出，语文要既"教文"又"育人"，"教文"是手段，"育人"才是语文教学的根本目的，并构建了以"思维训练"为核心的语文教育理论。90年代，她推动"人文性"写入全国新一轮课程改革的中小学语文课程标准中。进入新世纪，她又举起旗帜——"德智融合"的育人思想，课堂唱响了立德树人之歌。于漪老师是我们的楷模：课程教学改革要以育人为本，用立德树人照亮课堂，这样的课堂才能挑着学生，挑起民族。

是的。于漪老师将教育与祖国富强、民族复兴紧密联系在一起，既为中华民族复兴培养担当时代大任的新人，又为建立中国自己的教育话语权而努力。她始终认为，我们"不能只点洋蜡烛，心中永远要有一盏中国的明灯"。2012年，她发表文章《要建立自己的教育话语权》。她坚定地说："我这样一名老教师，急切地盼望我们当代中国能够创建有自己特色的教育学。"于漪老师是我们的楷模："坚守理想，坚守信念，坚守教师的责任与使命，坚守中国人的精神家园！"

于漪，和教育家们永远以国为家，为中华民族伟大复兴而歌唱。

朱永新：过幸福完整的生活
——新中国基础教育改革的一面旗帜

2000 年 11 月，朱永新教授的《我的教育理想》出版了。千禧之年，这本专著的出版，成为新教育实验诞生的标志。

20 多年来，朱永新老师和他的团队，将问题导向与使命导向结合在一起，以勇气、意志和智慧，以开阔的视野和开放的胸怀，把教育理想扎根在中国大地，扎根在校园，扎根在教师的发展中，新教育实验不断开掘、不断完善、不断发展，深入探索立德树人的实现方式，逐步完善了新教育的育人范式。新教育是素质教育的一面旗帜。

与此同时，朱永新以他的实践哲学与美学方式，并以他一贯的亲民品格、务实作风和领唱者的风格，创造了中国新时代教育研究与推广范式，影响着越来越多的学校，产生越来越广的影响，推动着中国基础教育改革，获得国际上著名的教育大奖——一丹奖。在国际教育界彰显了中国教育改革的形象和力量，发挥着重要的引领作用。新教育是未来教育的一面旗帜。

一、理想抱负：为中国未来教育探路，坚定素质教育信念

有不少人说，朱永新是个理想主义者。朱永新并不追究这种评述的意图是褒是贬，他不在意，因为他是一个心胸十分坦荡、开阔的人，有自己的价值理想和行动准则。更为重要的是，他胸中有一团火，始终燃烧着，这团火就是他的理想。当然，随着时间的推移，随着研究的深入，"理想主义者"已化为对他的称许和赞扬。

他说："一个国家总要有一些人做梦，总要有一些人高举理想主义的旗帜。教育要有理想，做教育的人要有理想，否则我们的民族、我们的国家就永远没有理想，没有出息。"他又说："政治是有理想的，科学是有人性的，财富是有汗水的，享乐是有道德的。如果我们在未来的孩子身上能够看到这些，我相信我们的国家就是有力量的。"——这就是朱永新的理想，是他的理想主义。

显然，他的理想折射出"人民有信仰，国家有力量，民族有希望"的核心价值追求。这不是他个人的理想，而是国家强大、民族振兴的理想照亮下的教育理想，将个人的、教

育的理想编织进国家的理想框架与愿景中。当下，我们需要朱永新和他的教育理想，希望出现更多的扎根中国大地的教育理想主义者。

朱永新将教育的理想提升为抱负与使命：为未来的中国教育探路。他说得通透而实在："中国这么大，区域发展不平衡，需要一些不同的探索，纯粹让教育行政部门去做，那也是不太现实的。"他正是在进行"不同的探索"。"不同的探索"既表现了他的使命感，又体现他的改革、创新观，即探索者可以有不同的身份，可以走不同的路线，也可以形成不同的力量。这样才能形成教育改革的大格局。

朱永新以学者专家的身份，激发、调动、组织学校校长、教师队伍走另外一条线路：民间线路，即自下而上的路线，把自上而下的推动转化为自下而上的自主生长，用民间的力量、大众的力量，为中国教育探路。实践不断告诉我们，他的理念是正确的、先进的，而且是专业的、有效的。

是的，新教育实验让中小学的校长、教师改革的理想激动起来，改革的神经兴奋起来，情感沸腾起来，新的思维飞扬起来，创造的灵感迸发出来。他们是草根，但绝不是"沉默的大多数"，而是改革的生力军，是智慧的一族。他们的名字叫"新时代中国式教育现代化的践行者、奋斗者、创造者"。

新教育实验告诉我们，只有当大众的理想汇入中华民族伟大复兴的中国梦，大众被唤醒，主动投入、积极参与以后，教育改革才会真正发生，才会深入推进。这也是朱永新他们的理想。

对于这样的理想与抱负，朱永新还有另一种表达：为中国而教。为中国而教，大气，豪迈，自信，但不只止于此，而首先是个方向问题、目的问题。新教育之新，就新在为中华民族的振兴培养人才，要培养能担当民族复兴大任的时代新人。新教育自觉地把学生个人的终身发展，与社会进步、国家强盛、民族振兴，结合在一起，统一在一起，小我融入大我。新教育行走在新时代，有了更深厚的时代内涵、更高远的价值立意、更坚定更鲜明的志向，"择高处立，就平处坐，向宽处行"，正是新教育最美的姿态。

为未来的中国教育探路，为中国而教，应有个理想的主张和形态，那就是素质教育。朱永新、新教育信奉的、坚守的正是素质教育。他坚定地认为，基础教育就是素质教育，素质教育揭示了教育的本质和功能，也揭示了教育的基本问题和具体规律。新教育为中国教育探路，探的是素质教育之道，走的是发展素质教育之路，中国教育、未来的中国教育应是发展素质教育中国范式，是以学习者为中心的新形态的教育。

理想、抱负、理念、行动不负有心人，长期的实践锻炼并洗练了新教育，让新教育成为中国素质教育的一面旗帜。

二、价值大原①：过一种幸福完整的教育生活，让素质教育触及生活的主语与主体

新教育始终有自己的价值追求，并逐步形成自己的价值定位，让其鲜明、坚定。新教育把价值定位于生活，定位于生活意义的追索。为此，他们将已割断了的、省去了的生活与形而上的关系修复起来，联结起来，进而将理想、信念根植在国家、民族文化哲学的土壤之中，成为新教育的价值大原，从价值大原中寻求生活的崇高、神圣与大美。

从这一认识出发，新教育的价值显得十分"简单"、素朴，那就是"让师生过一种幸福完整的教育生活"。朱永新反复强调，幸福完整的教育生活，"就是新教育的核心价值""是教育最重要的使命""也是未来教育的根本方向""是新教育永远不应该变的追求"，并且进一步强调，"教育不管怎么变，这两条是不会变的——幸福和完整"。

价值大原，会让我们的生活从小知走向大决，从小能走向大成，于小物而求大论。"过一种幸福完整的教育生活"这一价值取向，具有根源性、基石性、方向性、生成性、发

---

① "价值大原"出自司马云杰所著《文化价值论——关于文化建构价值意识的学说》，安徽教育出版社，2011年版。其意为：中华民族在几千年来生存的文化绵延中，建立起来的信仰、信念、信心，体现了中华民族的大智慧、大胸怀、大格局和巨大的生命创造力，亦即中国文化哲学的"道"。

展性。这一价值大原，内涵丰富，但不复杂。

其一，过幸福完整的教育生活，首先是生活。生活是教育的主题。生活是教育之源，也是教育之目的，教育在生活中展开，教育本身就是一种生活。离开生活这一主语，教育就是无源之水，也失去了价值意义。

其二，学生是教育生活的主语。学习是学生共同的使命，教育生活远离学生，便是空洞的、玄虚的、与人无关的。其实，离开了人就没有生活，离开了学生，教育也就不存在了，就不是教育了。主语与主体的相互呼唤、相互映照、积极互动，带来真正的生活和教育，这显然是价值大原。

其三，幸福是生活的核心。犹如内尔·诺丁斯所说，幸福是教育的核心目的，也是教育的核心价值。缺失幸福的生活，丢失了教育的本义，教育发生了异化。在这种状况下，学生实质上已成了生活的工具以至奴仆。不言而喻，幸福是教育与生活的价值大原。

其四，完整是幸福生活的基础、前提与关键。这也不难理解，不完整的生活肯定是不幸福的，从不完整的生活中走出来的人也肯定是不完整的，而反之，完整的儿童才是幸福的，同样，这样的教学也才是幸福的。新教育将"幸福"置于"完整"之前，这一前提的倒置，恰恰是对前提的强调，以及对目的的凸显。从价值大原的视角来看，"过幸福完整的生活"，是一种大知，如前所述，在大知中大决，在大决中大能，在大能中大成，这是大论。

价值大原深入到问题的本质。新教育实验旨在"过幸福完整的生活"，是在澄清、明晰、端正一个问题的答案：人是一种意义的存在。人既可以创造意义，也可以破坏意义。人的意义的存在，体现在生活中。所以，人是意义的创造者，教育应该牢记教育的价值立意，在价值立意的追求中，创造生活的幸福和完整；而人是意义的破坏者，则是因为教育生活的变形与异化，让人失去了理想，失去了创造力。新教育实验，将"过幸福完整的生活"直抵教育的核心与本质。

三、逻辑基点：提升教师精神生命，让教师成为素质教育的主人和创造者

新教育实验非常重视改革的逻辑起点。

关于逻辑起点，朱永新对几个方面的问题有个比较：教育改革，有的把逻辑起点放在课堂上，让课堂焕发生命的活力，通过课堂来撬动整个教育变革；有的把逻辑起点放在课程上，通过课程的重构，带动教育改革。

总之，所有的教育改革都会有一个总的想法和主张，这一总的想法与主张往往就是它的逻辑起点。新教育实验就是要从逻辑起点出发，站在逻辑基点上，向前向上瞭望，向下向内开掘深化，促使改革有新的突破、提拔和跃升，成为真正的素质教育，并促使素质教育进入一个新层面。

新教育实验的逻辑起点和基点在哪里？

他们坚定地认为，是教师。为此，朱永新作了非常简洁的解释："所有的教育问题，里面最重要最关键的就是教师。谁站在讲台前，谁就决定教育的品质；谁站在讲台前，谁就决定孩子的命运。教师是所有问题的出发点，教师是课堂的生发点……教师也是课程的出发点，不仅是课程的执行者，同时也是课程的研发者。"

接着，他从相反的角度进一步论证："没有教师的发展，学生的成长就成为无本之木；没有教师的研发，课程就成为无源之水；没有教师的实验，课堂就成为水中之月。"简洁的解释，正反两个方面的阐释却是十分深刻的。

首先，这样的选择与确认，回应了世界教育改革潮流。联合国教科文组织等四个机构曾联合提出一个口号：复兴始于教师。一个民族是这样，一个国家是这样，教育、学校更是这样。以朱永新的观点来看，教师的讲台决定着教育的未来，也决定着民族和国家的未来。这样的认识，视野开阔，格局很大。

其次，当下教师的生存状态堪为担忧。忙，累，苦，疲于应付，生存空间越来越狭窄，行走方式越来越单一、刻板，精神生命的丰富性、鲜活性、崇高性越来越受到冲击和伤害。如果不重视、不改变，课堂、课程的改变是没有希望的，学生的发展只能是句空话，用朱永新的话来说，不能

"把每一个教师放在心上"，就无所谓"把每一个孩子放在心上"。

显然，新教育实验逻辑起点、基点的选择既形而上又形而下，聚焦于素质教育。这样的起点才能走得远，站在这样的基点才能走得深。

20多年的实践，新教育实验已收到了特别宝贵、十分幸福的礼物：人，教师，再一次努力地从应试教育的桎梏中挣脱出来，奔向素质教育，勇敢而坚定地站立起来，成为素质教育的主人，成为素质教育的创造者。

这既是教育改革的逻辑起点，又是教育改革的逻辑基点，是改革的重心，更揭示了教育改革的逻辑。如此，用逻辑推动的新教育实验，必定让教师用自己的力量，成为素质教育旗帜下最富精神生命的生力军。朱永新探索并把握了教育发展之道——教师的发展与创造。

四、新教育的理论建构与创新：中国美学精神照耀，回归与变革相统一中的实践哲学

新教育一直面对着一个提问：新教育究竟"新"在哪里？也有人写文章说，新教育并没有什么新东西。朱永新和他的团队很坦然，"新教育实验的确没有什么新东西，因为我们只是整合了前人提过的理念，倡导着前人实践过的行动"。

整合与倡导，其实是信奉与践行一个基本观念：最好的教育就是返璞归真的教育。据此，新教育概括了新特征：当一些理念渐被遗忘，复又被提起的时候，它就是新的；当一些理念古被人说、今被人做的时候，它就是新的；当一些理念由模糊走向清晰、由贫乏走向丰富的时候，它就是新的；当一些理念被从旧时的背景转到现在背景下去继承、去发扬、去创新的时候，它就是新的……这些绝不是自我解释，而是对理论的再认识、再诠释、再发现。

新教育有着理论自信。任何教育实验的深处一定有着理论的支撑，否则就是盲目的。新教育实验历经20多年，不断扩大、深入，其生命的旺盛与强大，绝不是行政部门所能为的。实验之初，新教育就有两个愿景，其中之一就是"要成为扎根于本土的新教育学派"。朱永新说："建立学派也不是天方夜谭，学派无非就是建立自己的教育理论体系，有自己的实验基地，有自己的代表人物，有自己的代表作品。"紧接着，他反问：为什么我们不能做到呢？为什么我们只能跟在美国、欧洲后面亦步亦趋呢？这是反问自己，也是在回答别人的诘问。这就是一种理论自信，是一种文化自觉与自信，这样的自觉与自信定会带来大追求，带来理论自觉和行动自觉。我们不应在理论大山之前矮化自己，而是仰望大山，开始攀登。新教育正是这样，对这种精神首先应当给予肯定和夸赞。

新教育有着自己的理论解释。理论高端，并不深奥，它往往是常识的另一种形态。所谓"最好的教育就是返璞归真的教育"，所谓"最好的教育就是以不变应万变的教育"，就是指教育、教育研究，包括教育理论要回到基本问题上去。这些基本问题，朱永新称为"永恒的主题"。理论就是对基本问题的提炼、深化和概括，就是对主题的深度解读与阐发，进而回到"事物的本原——理念"。柏拉图的这一观点揭示了理论的本质以及本原。新教育始终把实验的主题指向人，指向生命，指向本原、本质，其本身就是一种理论。新教育强调对已有理念的"整合"，已不只是坚守的问题，"整合"意味着理论的发展，在回归中变革，在变革中回归。何况，哪里只是整合，分明是在创造。

新教育有着自己的理论框架。这一理论框架的核心是人，为了一切的人，为了人的一切，并由此形成五个基本观点：无限相信学生与教师的潜力；教给学生一生有用的东西；重视精神状态，倡导成功体验；强调个性发展，注重特色教育；让学生与人类的崇高精神对话。核心理念与基本观点编织了新教育的理论框架，这一框架是对以往关于人的理论的概括，也是对当代以人为主体理论的提拔，将两者进行了整合。新教育的十大行动就是从理论框架中自然生成的，是理论框架的具体体现。

新教育有着鲜明的理论品格。新教育一直倡导行动、实践，一直倡导回到田野去。回到田野就是要回到教育的现场，回到教育发生的地方去，在那里才会有真正的"人"的存在，才会有课程、有教学、有管理。换个角度看，新教育本身就是一片田野。回到田野意味着，教育实验的一切都要付诸行动，用行动来实践并实现教育理念，用实践来诠释和演绎教育理念。新教育所践行的是行动哲学、实践哲学，是"做"的哲学。新教育的理论框架其实是理论与实践相结合、相融合的框架。正是在行动、实践中，熟知成了真知。新教育以行动、实践为骨干的理论品格值得关注与赞赏。

新教育有着自己的理论话语系统。新教育、新教育人有着自己的话语方式、话语风格，形成了新教育的理论话语系统。这一话语系统的核心话语是：过幸福完整的教育生活。围绕核心话语，新教育形成一组组关键词，显现了独有的话语风格。它的话语表达，是诗意的、深刻的，在诗意的深处是理论的支撑和理想的张力。

说到这儿，我们不禁会联想到美学，尤其是中国美学。中国美学精神，在王国维《人间词话》三重境界的阐述中闪耀，在季羡林所认定的"品"中显现，在王阳明知行合一的思想、原则中折射。当然，中国美学精神是天人合一的大美，是人类命运大同的壮美。如今，美学又在回归，回归经典，回归日常生活。而这些，我们都会在新教育的实验、研究中有发现，有感悟，也有体验。新教育主张理论回归，与美学的回归不谋而合。我以为，新教育实验闪现了中国美学精神，正因为此，新教育的理论话语是中国美学的自然体现。

朱永新是当代教育家，他将理论、实践与社会活动三者结合起来、统一起来，促使三者相互支撑，相互促进。他是教育理论家，也是教育实践家，还是教育的社会活动家。他从来都没忘教育的初心、自己的理想，从来没忘学校、课堂、那张讲台，从来没忘校长、教师、那些孩子们。他把根扎在黄土地里，教育的情怀永远燃烧起理想的火焰。最近几年，朱永新的视野更开阔，格局更宏大，思考得更深，目光始终盯着中国式教育现代化。他认为，"发展新质生产力是高质量发展的内在要素和着力点。新质生产力的提出，为我国的高质量发展找到了一把新'钥匙'，也对教育改革与发展提出了新的课题：教育改革要与新质生产力发展相适应，畅通教育、科技、人才的良性循环，培养新质生产力发展所需的各类人才"。他提出，"塑造未来人才培育新生态"。目光如此敏锐，思想如此深邃，令我们敬佩不已。

朱永新老师永远把自己当作一个普通的教师，与校长、教师甚至与小孩交朋友，追随新时代的脚步。他构建了具有中国特色的教育学派。大家喜欢这位大学教授，爱戴这位新教育实验的倡导者、设计者。朱永新老师是我们敬爱的教育家。

叶澜：用生命与智慧构建中国自己的教育学派

叶澜教授是著名学者、教育学家。她带领团队，历经 30 年，兀兀穷年，付出心血，用生命与智慧创建了中国自己的教育学，形成了具有中国特色的"生命·实践"教育学派，为中国教育学在世界教育研究的学术舞台上树立了中国标杆，赢得了中国教育学人的一份尊严。我们都尊崇她、学习她。叶澜老师本身就是一部鲜活的教育学，充溢着生命气息和实践芳香。叶澜老师是我们心目中的教育家。

（一）

我与叶澜老师的直接接触并不多，但有三个深刻的印象，永留心中，对我的影响特别大。

其一，打动、打通我思想认识的一篇学术论文。叶澜老师的著作、论文包括演讲报告我都十分关注，认真学习。

1999年9月，我看到了《教育研究》上一篇令人注目的文章：《让课堂焕发出生命活力》，作者就是叶澜。从头到尾读下来，我深切感受到叶老师在重塑课堂观，尤其是重塑课堂教学观。她说：改革开放以来，课堂教学"仍然局限在对教学性质的传统认识中，并未跳出原有的'大框架'。今天，课堂教学改革的深化首先要求我们重新审视这一'大框架'的合理度"。她尖锐指出，原有的"大框架，仍然是把教学活动的性质框定在'特殊认识活动'范围内的教学观"。她说，她"无意否定它的合理性方面"，但是，必须审视，"'特殊认识活动论'能否概括课堂教学的全部本质"。她指出，这一教学观"把丰富复杂、变动不居的课堂教学过程概括为特殊的认识活动，把它从整体性的生命活动中抽象、隔离出来，是传统课堂教学的最根本缺陷"。为了改变这些状态和缺陷，叶澜老师坚定地认为，"必须突破（但不是完全否定）'特殊认识活动论'的传统框架，从更高的层次——生命的层次，构建新的课堂教学观，所期待的实践应该就是：让课堂焕发出生命的活力"。紧接着，叶老师全面而准确地分析"让课堂焕发出生命的活力"多重丰富的含义。清楚记得，我读完后，在江阴华士学校推荐给校长和夏青峰他们学习。他们听了看了也深受启发，决心要改变课堂教学的教与学，让教学真正走向师生的生命活动。回想起来，也许，这篇论文也正是"生命·实践"教育学的源头与起点之一，这一学派研究实际上早就超过 30 年。叶老师的课堂教学观至今都在引导着当下课程教学改革的深化。

其二，一次研究现场的学术随机交谈。叶老师所带领的新基础教育研究先后进入了全国的一些市区实验，江苏常州是研究基地之一。那时，我经常到常州的一些学校去，所到学校都在讨论、践行新基础教育的理念，呈现出研究、改革生动活泼的情境。比如常州市局前街小学，在新基础教育研究的引领下，确立了学校的核心教育理念："教育是一种生命关怀"；他们还探索并遵循学生成长节律，调整学校教育活动安排，将生命关怀真正落实在学生一日教育教学生活中，学生的学习场正在成为生活场，而生活场又正在成为"生命自觉场"，局前街小学发展进入了新阶段。我看了深为感动，也深受鼓舞。记得 2011 年，常州市教育局举办新基础教育实验总结报告会，邀请我去参加，并请我谈谈自己的想法。那天，我在报告会现场，和叶澜老师坐在一起，主动地向叶老师请教。叶老师和我谈起新基础教育研究的核心思想、实践框架与"常州经验"。叶老师是个大学者，却深入学校改革现场，对改革的来龙去脉清清楚楚。她又很谦和，让人敬畏，又有亲近感。听着她的讲述，当时我有一种想表达的欲望，而且心里已搭建起一个学习新基础教育心得框架，后来在会上我谈了学习的体会，叶老师给了我很多鼓励。……此景此情，至今我都记忆犹新。现在回想起来，我领悟到一点，叶老师后来所提炼的 12 个教育信条早已在她心里活跃着。如今，信条已成信念，已成教育的原则和标准，而且转化为行动指南。她是教育信条的提出者，更是身体力行者。"教天地人事，育生命自觉"不仅是她的哲思、教师的共识，更是她自己和学校一个又一个真真切切的行动。

其三，一个难以忘怀的生命自觉的情境。应该是 2015 年吧，湖南师大刘铁芳教授邀请我去湖南师大举办的校长、教师培训班作个讲座，听说还邀请叶澜老师作学术报告。我的汇报好像安排在下午，叶老师的报告据说是某个晚上。后来我听说，那天晚上，叶老师走上讲台时不小心摔了一跤，伤情很严重，再作报告是万万不能的。大家也都力劝叶老师当晚的报告取消，但是叶老师却说："你看，台下坐了这么多校长、老师，我怎能不讲呢？"因为我不在场，其他人也没有给我具体讲述过，不过，我仿佛听到了全场一片掌声，掌声里有敬佩，有感谢，有内心默默的期待。我也能想象到，叶老师那天讲课的声音一定是更富情感和力度的，尤其是她虽是坐着讲的，忍着巨痛，但大家都觉得叶老师一定是站立着讲的。第二天，听刘铁芳老师说，他们用担架抬叶老师登机；也会想象到，在上海机场叶老师又是怎么下飞机的。这幅生动的情境一定会镶嵌在大家的生命叙事里。叶老师心里装着校长，装着教师，用自己的行动践行着自己的信条，言为士则、行为世范，乐教爱生，甘于奉献，是为学为事为人的楷模。

文章写到这儿，我给常州局前街小学书记李伟平发了信息：叶老师给你的深刻印象和启示是什么？请分别用一句话来概括。伟平给我回的是："叶澜老师是一位真人""叶澜老师是我们的精神母亲"。我想，伟平的话代表了校长、教师的心声。

教育家首先一定是个人格高尚的人。

（二）

叶澜老师创建的"生命·实践"教育学，是中国原创，具有中国气派、中国特色，是对教育学理论的中国贡献。我们深感自豪，增强了教育自信、理论自信和文化自信。

"生命·实践"教育学内涵丰厚，可以从不同角度解读和领会。大凡一种教育学、一种教育学派都有其脉，尤其是根脉、魂脉、学脉。在这样的筋脉中，构建自己的理论，并经过实践去验证，不断丰富和完善。"生命·实践"教育学的"三脉"清晰、深厚而悠长。

1. "生命·实践"教育学的根脉：找回中国现代教育丢失的文化之根，以中国人的身份做研究来表达。

2001 年，叶老师发表了《世纪初中国教育理论发展的断想》。她在文章中第一次提出如何认识中国教育理论的原创问题，发出了这样的呼声："一个偌大的中国，一个拥有最多教育人口的中国，一个进入了 21 世纪的中国，不能没有自己原创的教育理论。"她解释了什么是中国自己的教育学："由中国学者提出，扎根中国土壤，以中国自己的教育改革发展经验为根基的教育学。"这是追问，是呼吁，也是自信和责任。这样的追问与呼吁涉及中国教育学自主知识体系的构建，涉及中国教育学的原创建设。她又直接指出，对中国百年发展的"世纪审视"，"总体而言，中国人文科学沿着西方的路越走越顺，与本国的文化传统却越离越远。""现在我们甚至已习焉不察，常常沿着他人提出的问题与思路，转述别人的思想与结论，忘掉的恰恰是最重要的'以中国人的身份做研究'"，我们要"重新认识中国文化传统，认清自己的独特与价值"。叶老师的文化认知如此清醒、如此深刻，又如此坚定。"生命·实践"教育学是在中国优秀传统文化中生长起来的。

21世纪以来，叶老师一直"大补"中国文化传统的课，《重读经典——当代中国教·学关系研究的必要回归》《中国哲学传统中的教育精神与智慧》《溯源开来：寻回现代教育丢失的自然之维》报告、论文相继发表，"生命·实践"教育学深深植根于中华文化之中，深植在叶老师的学术理念体系中，以中国人的身份做中国教育学研究。根深、源远，"生命·实践"教育学自然源远流长，扎根中国大地，必定走向世界，发出中国自己教育学的声音。

2. "生命·实践"教育学的魂脉："教天地人事，育生命

自觉"，铸造中国教育学的灵魂。

"教天地人事，育生命自觉"是"生命·实践"教育学派对"教育是什么""教育为什么"的中国式表达。这是一种尝试：尝试将中国哲学、文化传统融入对教育学基本概念"教育"的内涵构建中，尝试构建中国教育学话语方式，尝试呈现中国教育的文化气质。这样的尝试实质是文化的回归，是创造性转换、创新性发展的探索，它直抵教育的本质和教育的根本目的，彰显了中国教育学的气派，形成更为宏阔的万千气象。这样的表达方式与西方教育学的表达方式是不一样的。可见话语方式的转变让我们首先站立在中国立场上，中国教育人要说中国自己的话，让中国教师从中领悟中国有自己的哲学、有自己的育人智慧。当然，中国自己的教育学也应当是一个开放的系统。中华民族育人的初心，孕育着中国自己的教育学，关键在于我们内心的觉醒，由此带来教育的民族觉醒。而这一切，建基于中华优秀文化，话语方式构建应当是个切入口。

"天地人事"的核心是天人合一的思维方式，天人合一的思维带来对教育人生境界的追求。《道德经》里的"四大"——天大、地大、道大、王（人）也大，正道出了何为天地人事，何为"国之大者"。而生命自觉则引导人走向人生更高境界。李政涛教授对此有精辟的解释。他说有"生命自觉"的人，具有三大特征："明自我，即对自我的生命自觉"；

"明他人，即对他人的生命自觉"；"明环境，即对环境的生命自觉"。这三个特征正是《诗经》言说的人生三重境界：见自己，见他人，见天下。"教天地人事，育生命自觉"就是塑造有中国灵魂的人，培育胸怀"国之大者"的人——生命为祖国而澎湃，青春为民族复兴而歌唱。中国自己的教育学，满怀中国情、中国志，满怀文化自信，讲中国故事，自觉地把培养时代新人的重任坚定地担在肩头。

3. "生命·实践"教育学的学脉：相互依存、相互支撑与促进的"双子星"，走出教育理论与教育实践交互生成的创新之路。

理论与实践始终是认识论、方法论和现实中普遍存在的"老大难"问题。对此，叶老师有清醒的认识和准确的把握。她说："在二者的关系性质上，从人类认识的发展史来看，实践是源泉。实践的积累形成经验，对经验的分析、概括与提升，则形成各种理论与学科知识。这些理论、知识，通过各种方式的转播、传递，反过来影响、改变人的实践和经验。理论与实践不断转化，人类社会也不断实现发展变化。"这种认识，源自中国文化的"知行合一论"，与毛泽东的《实践论》的理论阐释是一致的。叶老师将这些理论创造性地运用在教育学研究中，生成了"生命·实践"教育学的理论基础。

叶老师的贡献在于"理论与实践的转化，需要通过'具体人'的创造性活动和相互沟通来实现"。这就让我们想起马克思主义的重要论述，"实现有原则高度的实践"。马克思认为，只有同时开展理论和现实批判才是彻底的批判，才能为"人的解放"奠定坚实基础。做到这种彻底的批判，一定要"实现有原则高度的实践"。所谓"实现有原则高度的实践"的根本目的是要达到"人的高度"，而达到"人的高度"，要"在真正的共同体的条件下，各个人在自己的联合中并通过这种联合获得自己的自由"。于是，叶澜老师提出了"解放实践"的观点。我领悟，"解放实践"，一定要以人为主体，解放人的智慧，激发人的创造性。我也想到马克思提出的"活劳动"亦是"解放实践"思想的内在之义。叶老师将人作为"生命·实践"教育学的"具体人"——确立人的主体性、创造性地位，是对马克思主义"解放实践"思想的中国化转换与表达，是对教育学的理论观照和实践指引。我们不难发现，叶老师将共同体发展为"共生体"，一再强调把课堂还给学生，践行的正是"解放实践"的思想。也不难看见，"生命·实践"教育学的学脉是深远、宏博、持续发展着的。

叶澜老师把教育学、中国教育学的建设作为专业与己任，成为信念和使命，成为真真切切、不断深入的研究、改革行动。她说，"希望每个人守住自己的根，站直自己的干，长出自己的叶，长成一棵深植中国教育大地的大树"。叶老师首先长成了"生命·实践"教育学这棵大树，这一教育学已站立在中国大地上，必将会站立在世界教育的大森林中，发出中国教育之光，闪闪发亮。

李庾南："双螺旋育人"长出精神与智慧来

李庾南老师今年已八十有五，已是耄耋之年，再过三年，将是米寿之庆。她躬耕教坛 67 年，乐教爱生，甘于奉献；面对荣誉，她说得最多的是：我做得不够。她最喜欢说的是，我是一名教师，我的舞台在讲台，我的生命在学生；生活在学生中，就是我一生最大幸福。

李庾南有两次在课堂上不小心摔倒，严重骨折。两次的情境如此相似：台上坐满学生准备上课，台下坐满听课的教师，师生共同期待一堂好课的诞生，而她摔倒在地，却迅即爬起来，"走"到讲台前上课。一次是在甘肃，骨折后坐着轮椅才能行走。她坚持上课，不让学生掉下一节课，不让教师失望。当她的轮椅被抬上讲台时，台上台下一片掌声。她坐在轮椅上，俨然还是站立在那里。课上完后，掌声再次响起，更加热烈，相信这是那天学生、教师刻骨铭心，甚或是一辈子的记忆。另一次是在南通。上课铃声即要响起，李老师健步上台，但是突然台上灯光暗了，她被铺在台上的电线绊倒，摔在台上了，又是骨折，而且比上次更加严重，完全不能行走，半步都不行，有人急忙中找来轮椅，大家劝她赶快去医院，但是她坚决不肯，坚持"站"到讲台，她讲起课来，请她的徒弟当助手，在黑板上板书；她一如往常，从容中又多了一份深沉。在"自学·议论·引导"中，一堂精彩的数学课讲完。满场的掌声送给李老师，向李老师致敬，向李老师学习。这是两堂特殊的课，是两堂高水平的课，好课育人啊。

摔倒立即站立起来，坐着轮椅坚持上课，这是什么精神？"言为士则、行为世范的道德情操"不言自明；"乐教爱生，甘于奉献的躬耕态度"具体生动呈现，"启智润心，因材施教的育人智慧"也熠熠闪光。永远站立的李庾南以自己的实际行动践行着教育家精神，李庾南是教育家精神的象征，李庾南是教书育人的楷模，是我们心目中的教育家。我们再次相信，教育家是在课堂站起来、走出来的。

摔倒后仍坚持上课，是小概率事件，在青年教师身上几乎不会发生，在中老年教师身上也极少见。我们并不希望这样的事件成为一种现象，而是希望当它一旦发生时，该用精神支撑自己，战胜困难。在李庾南的理念系统里，上好每一堂课，带好每一个班，教好每一个孩子应是教师的常态，而常态已成为她的心智模式和行为模式，成为一种文化力量，升腾起一种精神。正是有了这样的精神，李庾南树立了育人理念：躬耕教坛，长出精神和智慧来。

李庾南躬耕讲台，以"自学·议论·引导"教学法推动课程教学改革，实现学科育人的目标。课程是育人蓝图，学习是教学的核心。但是一个不争的事实是，长期以来，课堂教学处在困境中：教师的主导性异化为灌输、解题训练，学生的主体性已被扭曲为被动地在教师指挥下"爬行"。李庾南打破了这样的框架，破解了学生学会学习的难题。"自学·议论·引导"，让学生自主学习走在教的前头，在自学中培养独立思考能力，将思维发展镶嵌在自学过程中；学习不只是个人的努力，而是集体共同行为，合作学习成为学生适宜、有效的学习方式，而议论则是合作学习的一种方式，可以人人被"卷入"，参与其中；教学要以学为核心，但绝不是只有学而无教，离开高水平的教便没有高水平的学，引导是教学的必不可少的要素和环节。"自学·议论·引导"建构了完整的教学过程，这一整体过程中形成了教学新框架、新进程、新秩序，创生了学习逻辑，学习逻辑促进了以学为中心理念的实现。称"自学·议论·引导"为教学法，恰如其分。更为可贵的是，这一教学法诞生在 40 年前，与今天的课程教学改革的走向相吻合，交相辉映。

上课需要传授知识，知识从来不应该被否定、排斥，问题是如何让知识"活"起来，让知识成为流动的液体，而不是固体；从"流体智力"走向"晶体智力"，"晶体智力"又一次被激活，生成智慧。在"自学·议论·引导"的教学中，学生真正成为精神劳动者、思想劳动者、情感劳动者，在长出智慧的同时，长出了精神与能力，具有这种精神、能力的学生将来才能堪担大任。

李庾南躬耕班级建设，以积极良好的师生关系，加强集体主义建设，实现班级育人的目的。班级既是教学组织形式，又是学生生活的场所；班级随着班级授课制而诞生，又具有现代性，相信班级授课制在最近的50年内不会消失，因为它有独特的价值。在李庾南的班级里，学习固然是不可或缺的内容，即使学习，更多的是在议论中、合作中学习，可见，"自学·议论·引导教学法"不仅在课堂里运用，也适用到班级。李庾南认为，班级是一种生活的形式，更是集体主义教育的载体，应当让班级成为学生交往、互助、共生的精神家园，成为学生共同生活的大家庭。班级的主语是生活，主题是培育班级精神，主线是班级活动，关键是关系的建构。为此，李庾南对班级建设确立了核心价值观：长出精神和智慧来。这种精神是合作精神、助人精神、集体主义精神。这样的精神映射出时代精神，洋溢青春气息，蓬勃着少年生命活力；这样的智慧是学生学会学习、学会交往、学会生活的能力，也是教师育人的智慧。为了让这一核心价值观得以实现，她又从另一个角度提出：不让一个学生"带伤"走出班级、走出学校。初中学生处在身心发展剧烈变化时期，情感、态度、价值观容易产生困惑、苦恼，还常有莫名的焦虑，这种消极情绪不仅影响学习，也给学生造成各种伤害。不让任何一个学生"带伤"走出学校，这是李庾南的责任感，为此她需要付出多少时间、精力！这种责任感让我们顿生多少真挚的敬佩！

育人，在李庾南，是一个立体化的概念和切实的行动。她用课堂教学与班级建设两个螺旋育人。她给学生两只翅膀，让学习、生活比翼齐飞，精神、能力共生，个人与集体共长。躬耕课堂、躬耕班级、躬耕教坛，李庾南培养完整的人、健康的人。李庾南以育人为己任，以精神和智慧，走出了独特而灿烂的一生。

第三辑

教育家的精神品格：应有的责任与担当

教育家与知识分子

　　2012 年，北京 798 圣之空间艺术中心放映了《先生回来》的纪录片，片中选取回顾了民国时期著名的校长、教授，有蔡元培、梅贻琦、陈寅恪、梁漱溟、陶行知……有人说过这样的话：他们虽然远去，那些背影，让我们发现了民族的正面。

　　评说得真好！其实，那些背影，并没有远去，而民族的正面永远向着未来。他们是真正的教育家，无论是他们的背影，还是正面，都在宣告：教育家首先是知识分子，教育家首先要做真正的知识分子。是知识分子的风骨，让他们挺起了民族的脊梁；是知识分子的风骨，让他们显现了民族的正面。于是，一个话题摆在我们面前：教育家与知识分子。

　　何为知识分子？在我的阅读视野中，捕捉到这样的信息：当年，一批有知识的俄国人，茶余饭后在酒吧、咖啡馆聊天，聊的不是私事，而是当时的社会和民生，是俄国的今天与明天，后来这批人被称为知识分子。此外，在法国，左拉和卢梭曾为一个普通的小战士辩护，因为政府判小战士犯了叛国罪。这是天大的冤屈，可谁敢为他们讲话？有，就是左拉、卢梭这批有知识的人。小战士被无罪释放的时候，一些政府官员酸溜溜地说，左拉、卢梭，他们是知识分子。显然，这样的话语带有嘲讽的意思，却道出了知识分子的真义。这两个案例告诉我们，是不是知识分子，不是看他有没有知识，以及知识有多少，而是有比知识更重要的尺度。

这尺度是什么呢？先重温一下当年季羡林先生被评为感动中国人物时组委会的颁奖词。颁奖词是这么写的：心有良知璞玉，笔下道德文章。一介布衣，言有物，行有格，贫贱不移，宠辱不惊。他用自己的学问，铺成了大地美丽的风景，把文化汇入传统，把自己的心留给东方。季羡林是一介布衣，但他是一个知识分子，因为，心有良知如璞玉，道德文章均佳。有学者对知识分子的本性与品性作了分析。比如，《知识分子都到哪里去了？》的作者弗兰克·弗里迪，他说："定义知识分子的，不是他们做什么工作，而是他们的行为方式、他们看待自己的方式，以及他们所维护的价值。"可见，知识分子是超越职业的。依我看，所谓知识分子，第一，要有强烈的社会责任感，有社会的良知，家国情怀、民族认同永远在心中；第二，关注真理、正义和时代趣味这些全球性问题；第三，追求独立和自由的生活；第四，"为思想而活，而不是靠思想生活"，为思想而活，是为了思想，为了理想，诞生新思想，捍卫新思想；第五，保持批评的态度，有批判的勇气和能力；第六，总是处在紧张的、积极的、创造的状态，等等。

知识分子的这些精神、思想、情怀、品质，还有行为方式，教育家都应该具备，知识分子与教育家在本质上应是一致的。看看那些教育家吧。蔡元培，毕生倡导教育救国、学术救国、科学救国，推动中国的思想启蒙和文化复兴。他说："只要培养一大批学者，国家就有希望。"后人评价道："他是新文化运动之父，他通过改变一所大学进而改变了一个民族。"梁漱溟呢？他的信念是：通过乡村建设工作重新建立中国新秩序。他曾大声呐喊："国性不存，我生何用？"他认为自己不是国学大师、哲学家或者教育家，用"三军可夺帅也，匹夫不可夺志也"来评价他，是最合适的。还有梅贻琦、陈寅恪、陶行知……面对他们，我们从心底里赞叹：他们是先生，是真正的知识分子，是伟大的教育家。

当下，我们需要教育家，呼唤教育家办学，其实是需要真正的知识分子，呼唤知识分子回来。教育正处在转型期，教育综合改革正在深入推进，立德树人的根本任务要落实，学生发展核心素养要研究，要着力培养，课程改革要深化……透过教育，我们还应看到党中央的发展战略目标、看到社会主义核心价值观，看到法治，看到"一带一路"……古老的中国正在走向世界，中国梦正在催发我们的斗志和行为。名师们、未来教育家们，该怎么办？我们要管好自己的"一亩三分田"，但又不能只管"一亩三分田"，要把"一亩三分田"与伟大的中国梦、中华民族伟大复兴联系起来；我们决不能只盯着"知识"，更不能只盯着"升学率"。"只要学不死，就往死里学""掉泪掉肉不掉分"，这哪里是一个有社会良知的人说出来的话？应试教育愈演愈烈，我们，该怎么办？我们急切地呼唤：知识分子，你到哪里去了？也许，比呼唤"教育家，你在哪里"更急切、更紧迫。我们，应该响亮地回答：知识分子在这里，我们是知识分子。

教育家只能是少数，而知识分子应是绝大多数；教育家可能是单数，而知识分子一定是复数。知识分子可以走向教育家，也不一定非走向教育家不可；但教育家一定要成为知识分子，而且教育家应当引领知识分子。我们最希望的就是：新时代的知识分子就要树大德、立大志、成大才、担大任，为建设教育强国而努力奋斗。

教育家与好老师

我常常想起两位教育家：钱穆先生、叶圣陶先生。他们都曾经做过小学老师。

钱穆先生在上大学讲台之前，曾在无锡一带的小学当老师，还做过小学校长。晚年他最怀念的就是那些当小学老师的岁月。他说，当年争取到了编排课程的自由，所以音乐课、体操课与国语课同为全校师生每天的必修课。92 岁时，钱穆先生在台湾"素书楼"上最后一课。那时他已目盲力衰。课快结束时，钱先生忽然慷慨激昂地呼喊："你是中国人，不要忘了中国！……做人要从历史里探求本源，要在时代的变迁中肩负起维护中国历史文化的责任。"

叶圣陶先生，1917 年春到苏州水乡古镇甪直的小学任教。他和老师们一起自编各种课本，创办生生农场、利群书店、博览室，造礼堂、建戏台，开同乐会、恳亲会，辅导学生自编自演话剧，组织学生远足旅行。他说，那几年充满了快乐、希望。"教是为了不教""学了还要学""学生是教师的伙伴"……这些真知灼见，无不与他当小学教师的经历有关。

走过了一个时代，但历史的镜头总在我们的眼前闪现，"你是中国人，不要忘了中国"总在心里回响；"教是为了不教"总在今天的课堂里实践着、实现着。钱穆、叶圣陶先生确实是教育家、大师，但请不要忘了，他们曾经是个老师，是个好老师，而且在大家的心目中，他们永远是个好老师。因此，一条逻辑主线在我们面前清晰起来：教育家首先应该是个好老师，要从做好老师开始，走向教育家。钱穆先生、叶圣陶先生，还有许多教育家，为今天正在成长中的教育家树立了好榜样：努力做个好教师，永远做个好教师。

毋庸置疑，中华民族需要教育家，伟大的时代需要教育家；中华民族能够出教育家，伟大的时代能够诞生教育家。如果把当今的中国教育当作一片高地的话，那么，教育家就是高地上耸立起来的高峰，没有高峰的高地，必然是平庸的；如果把教师们比作优秀合唱队的话，那么，教育家就是合唱队里杰出的领唱者，没有领唱者，合唱队也优秀不到哪里去。历史的经验、教育改革的历程，已证明了这一论断：我们需要教育家。但是，转换一个角度看，没有高地，怎么可能有高峰？没有合唱队，领唱者还有什么价值？所以，历史的经验、教育改革的历程也不止一次地证明另一个论断：我们需要教育家，但更需要一大批好老师。

把目光投向世界吧。前文已述，联合国教科文组织等四个机构共同提出一个口号："复兴始于教师"。教育的复兴，始于教师；复兴教师，才能复兴教育，只有复兴教育，才能复兴民族。当然，教育家也是教师，不过，"复兴始于教师"这一口号，其核心思想是，要建设好教师队伍，把复兴的希望寄托在广大教师身上。习近平总书记在教师节号召全国教师做个好老师。他并没有忽略教育家，也没有轻慢名师、大师。在文艺工作座谈会上，习近平总书记提出文学艺术的高地与高峰，我想，其中内在地包含着教育的高地与高峰。但是，习近平总书记一再提倡、鼓励大家做个好老师，却有着十分重要的意义，这应是一种战略意义。2023年教师节，习近平总书记凝练了教育家精神，强调弘扬教育家精神的召唤，对此，我们必须深入领会，准确把握。我们一定要用教育家精神照亮教师队伍建设，千万别忘了广大教师做个好老师这一更宏大的工程。

什么是好老师？我不禁想起当今的教育家——洪宗礼。洪宗礼老师说："我从来都是把工作当作学问做的"，"要从讲台站到书架上。"把工作当作学问来做，表达的是，教学即研究、教师即研究者的理念；站到书架上去，表达的则是读书、钻研的愿望，其实，他本身已变成了一本书。这样的老师肯定是个好老师。他用自己切身的体会、感悟演绎着习近平总书记关于好教师的要求——"理想信念、道德情操、扎实学识、仁爱之心"。好老师自有标准，更重要的是自有扎实的行动。好老师之"好"不在于他的口号，而在他教书育人的行动中。我们坚定地相信，好老师的要求、标准不低，但经过努力是可以逐步达到的。

好老师不等于就是教育家，教育家的标准、要求更高，更有深度、更有厚度、更有宽度，因此也更有难度。但是，如果不以好老师为基础，不从做好老师开始，一步步向前走，教育家是诞生不了的，即使是教育家，他仍然是永远的"四有"好老师。当然，我们做好老师的时候，心里想的不应是做教育家；而是内心呼唤着：为了我们的孩子们，为了我们中华民族的伟大复兴做个好老师。

教育家与儿童

　　有首歌一直在我们教师之间流传、吟唱，名字叫《教师歌》。这是中华儿童教育社的创始人陈鹤琴先生邀老朋友陶行知为该社同人谱写的社歌。社歌的内容前文已有呈现。陈鹤琴先生是儿童教育家，"来！来！来！"成了他发自内心的呼唤，真诚、急切；"发现你的小孩"成了他研究教育的重大主题，平实、深刻；"了解""解放""信仰"成了发现儿童的必要前提，而且是无可置疑的大前提；而"变成了一个小孩"则成了一种境界，崇高、伟大。这首《教师歌》，诠释了陈鹤琴先生的儿童观。所谓儿童观，就是如何看待儿童，如何对待儿童。陈先生就是这么看待和对待儿童的。

　　一个伟大的教育家竟然以"发现儿童"为主题，而且如此真诚、强烈、坚定。这是一种精神、一种品质、一种情怀、一种责任。陈先生从心底里发出这样的声音：教育是关于儿童的教育，离开儿童就没有真正的教育，更没有良好的教育。从中我们深切地领悟到：教育家离不开儿童，离开儿童无所谓有什么教育家，无所谓有什么儿童教育家。从一个特定的角度讲，教育家是儿童教育家，是儿童研究领域最优秀、最杰出的人。于是，教育家的研究和成长，应有一个共同的、永恒的话题——教育家与儿童，有一个共同的核心理念——教育家就在儿童研究与教育中，与儿童一起成长起来。

不只是教育家，古代的学者们也这么去论述儿童。

明代的李贽论述过童心："夫童心者，真心也……若失却童心，便失却真心；失却真心，便失却真人。"而老子这么判断：圣人的精神状态，最后要复归于婴孩。婴孩，与圣人在精神上是一致的、相通的。难怪世界上有几部关于"复归生命"的电影，如《返老还童》《回归种子》等。写《回归种子》的古巴作家阿莱霍·卡彭铁尔这样说："人在孩提时期和耄耋之年这两个极端的相似性，从某种意义上说生命是可以复现的。"因此，教育儿童，其实质是在引导他们，并且自己也在经历"生命复现"的过程——教育与生命紧密、自然地联系在一起，教育是何等神圣。教育，其实是"回归种子"，教育家其实是培育"回归种子"的人。

我们应该成为一个儿童，尤其是教育家。陶行知说："等到您重新成为一个小孩子，您会发现别的小孩子是和从前所想的小孩子不同了。"他还这么想象，"假如我重新做一个小孩，我要立志做事，立志做大事""我要多玩""我要亲近万物、大自然、大社会，云游公园、山林"。教育家蒙台梭利称自己是一个"作为教师的儿童"……他们说的都是同一个意思：教育家在本质上应当是一个儿童，教育家应当首先做一个儿童。用陈鹤琴先生的话来说：除非这样，你才可能真正成为教育家。也只有这样，教育家才能真正建构自己的教育立场——儿童立场。儿童立场是教育的根本立场，是教育的出发点与归宿；站在儿童立场上的人，才能回望历史，也才能瞭望未来。未来也将证实这一点。

　　是的，教育家是永远站在儿童立场上的人。如斯霞，"童心母爱"是这位教育家对儿童立场最生动、最丰富、最精彩的概括。"文革"结束后，学校里来了不少外国客人，斯老师指导三年级学生以此为内容练习作文。一个小朋友这么写："今天学校里来了好多外国客人，其中一位法国女阿姨……"办公室里的老师一听，说"法国女阿姨"是个病句。斯老师说："是的，这是个病句，但是我暂时不想改它，因为小孩子就是这么想、这么看的，这是他们的思维特点和表达方式。"随课文识字，是斯霞老师倡导的识字教学法和阅读教学法，这不只是个技术问题，更重要的是顺应儿童学习、发展应有的节奏问题。尽管有不少识字教学法，还有不少阅读教学法，但是这所有的教学法最终都是作用于儿童的。而儿童是个整体，他不会去和你的教学法一一对应，他有自己内心的渴求和内在的发展节律。因此，一切的一切，都要基于儿童已有经验，从儿童的需求出发，采用适合他们的方法去施教，才会有良好的教育效果。

值得注意的是，儿童立场要透射国家立场，用国家立场照映儿童立场。此外，我们还要深化教育家与儿童的关系的认识，还不能止于以上层面，因为社会在进步，时代在发展，儿童也在持续改变的发展中。最近，"新童年社会学"的研究正在深入展开，对儿童的认识也随之而深化。与过去的童年研究不同。"新童年社会学"的研究既不将童年理解为一种普遍存在的生物学现象，也不将儿童视作社会化过程中未完成的消极个体。"新童年社会学"在认识论上有了新的突破：它认为儿童不是消极的、接受建构的对象，而是积极的社会行动者，是建构自身现实存在的参与者。这些研究的新成果，为当下的儿童研究开辟了新领域，提出了新课题。无疑，对于名师们、正在成长着的未来教育家们来说，如何开拓自己的研究视角，如何将对儿童的研究从"类"的研究转向个体研究，如何对童年经验和意义有新的文化解释，如何凸显儿童发展中的主体性、积极参与性……都迫切地期待着我们去研究。

教育家永远与儿童在一起，儿童永远在教育家的心里，教育家与儿童的互动、对话、推动教育的发展，也必然推动教育家站在教育的制高点上。

教育家的风骨

先生之风，山高水长。先生之风，首先当是他的风骨。

教育家最看重风骨，教育家最具风骨。风骨，是教育家最伟大、最可贵之处。风骨也，人之气概、气节、品格也。崇高的人格，不屈的气节，宽广的胸怀，刚毅的性格，爱憎分明之情感，独立自由之精神与思想，等等，构成了教育家的风骨气象。向教育家学习，首先要学习他们的风骨。

唐文治，无锡国专的创始人。面对国难，他风骨铮铮，教学生做人，教学生做有民族气节的人。他从中华民族最古老的经典《尚书》中提取"作新民"三字定为校训。他又亲自撰词创作校歌："俭以养德，静以养心，建功立业，博古通今。为生民立命，为万世开太平。"何等的气概！1931年"九一八"事变以后，日寇侵华的枪炮声震惊国人，抗日救国的情绪在无锡国专师生中沸腾，唐文治校长以他特有的方式激发、鼓励学生的爱国感情，他同意并支持学生停课三天，

让学生去城里作抗日宣传。他还在膳堂里悬挂大字书写的
《膳堂铭》："世界龙战，我惧沦亡；生聚教训，尝胆越王；
允文允武，阳明继光；明耻教战，每饭不忘。"何等感人！
当年 12 月 24 日，无锡上千名学生赴南京请愿，要求政府出
兵抗日，双目失明的唐文治亲自送请愿的学生至校门口，一
直凝望着学生远去……这情景至今都使人难以忘怀。1932 年
1 月，上海发生"一·二八"事变，日军烧杀焚掠，惨无人
道。学校经费严重困难。为了学校，为了学生，为了让学生
面对外侮时永远有民族的气节，从 4 月起，作为校长的唐文
治带头减薪，带动全校教员集体减薪三至四成，这件事让学
生刻骨铭心，永志不忘。唐文治告诉我们，在国家、民族危
难之际，当有民族的脊梁、民族的血性，同仇敌忾，奋勇抗
争。这叫什么？这叫风骨。

　　自然想起陶行知。他有民族之魂，永揣理想，执着于实
验研究，为了民众，奉献自己，永远在行知路上前行，人格
崇高，风骨峻峭。芝加哥大学历史系教授曾评说陶行知等人
有可能成为甘地，但他们最终没能成为，其中一个重要原因
便是政治权力的产生压迫着他们，使理想无法实现。陶行知
绝不是为了成为英雄，而是为了民众，为了教育，因此，面
对权力的重压而无所畏惧。当晓庄学校被查封，陶行知被通
缉，流亡日本，一年以后回国，仍然坚持办学校，搞教育实
验。当"普及教育""义务教育"无法实施时，他在抗战时期

提出"大众教育"。抗战胜利后，他又提出"民主教育"，向师生宣告：学习民主，帮助创造民主的新中国；还高呼"大家都来上民主第一课。"陶行知告诉我们，一个有良知的教育人，心中永远有人民，永远为大众，永远怀抱教育的理想，而其理想又化为一个个教育信念和教育实验，永不退缩，越战越强。正是在"行知"中，陶行知成了人民教育家。这叫什么？这叫风骨。

我们进入21世纪了，时代变了，社会进步了，技术变了，生活方式变了，世界变得越来越丰富、多彩，价值观变得越来越多元、复杂，教育面对着越来越多的问题，将会接受越来越严峻的挑战……我们需要追问的是：有什么是不能变的？有什么不仅不能变，而且越发要坚守？教育家告诉我们，这仍是风骨。何为风骨不能变？那就是永远的以爱国主义为核心的民族精神，永远的以创新为核心的时代精神，永远的家国情怀，永远的教育理想，对学生永远不变的爱，对学术追求永远不变的品格。那就是"富贵不能淫，贫贱不能移，威武不能屈"。这些都是金钱买不到的东西。完全可以说，在任何时候，金钱买不到的东西就是风骨。我们坚信，只要风骨在，精神就在；只要风骨在，人格尊严就在；只要风骨在，教育家就在；而教育家在，教育的希望就在。"教育是未来的定义"，这一判断的另一层意思是，教育家可以定义未来，因为他们有风骨。

　　行文到此，本该结束了，又总觉得还有什么没说完。是什么呢？那就是"为天地立心，为生民立命，为往圣继绝学，为万世开太平"，还有"厚德载物，自强不息"，当然还有"嚼得草根，做得大事"。也许这些中国梦铸就了教育家的风骨，铸就了所有教师的风骨——我们应当有这份自信：在伟大新时代，教育家的风骨便是——为中华民族伟大复兴培养社会主义建设者和接班人而坚定理想信念，而甘于奉献。这是中国教师的自信，中国教育的自信。

教育家的风度

教育家既要有风骨，也应该有风度。

风骨与风度总是紧密相连，有时候，风骨显现与表达的就是风度，而风度则是风骨的折射。不过二者还是有些微差异，不准确地说，风骨是教育家的可贵、可敬之处，而风度则更多的是教育家的可亲、可爱之处。无论可贵、可敬，还是可亲、可爱，都是伟大之处，二者的相互联系与和谐的统一，形成了教育家的整体风貌。

需要说明的是，因为些微的差异，才显现了教育家的不同个性。教育家虽伟大，但他是人而不是神，虽崇高，却可亲近；虽风骨铮铮，却有着无声的温情。关注教育家的风骨，不能不关注教育家的风度。

风度常常表现为一种独特的姿态。季羡林先生的姿态大概就是在路上从容前行。有这样一个故事：一个新来的大学生为了去报到、注册，请这位看起来像是校工的老者代为看管行李。这位老者老老实实，忠于职守，在行李旁看管了一个多小时。第二天开学典礼上，这个新生看到了那位老者就坐在主席台上，他满脸惊奇，老者竟然就是著名学者季羡林。在偌大的北大校园里，只要看到这位长者穿着布鞋，慢慢地走着，在他后面的人都会放慢脚步，也慢慢地跟着他走着；骑自行车的人立马跳下车，推着车跟着前行。因为他们知道，前面慢慢走着的那位长者就是季羡林。慢慢走，从从容容，不急不躁，但从来不停下前行的脚步。这就是一位教育家应有的姿态，是教育家的风貌，也是教育家的风度。

风度常常表现为一种独特的状态。我们不必去细分状态与姿态，只是想从整个状态上看看教育家的风度。"文质彬彬，然后君子"大概就是教育家的状态。想起辜鸿铭先生，当他被聘为教授时，他把那根"文明棍"交给那位外国人助手，气宇轩昂地走上主席台去致辞。潇洒、超脱中带着一种中国人挺直腰杆的姿态，一种精神状态——自信、自尊与自豪。当然，这既是一种风度，也是一种风骨。想起陈寅恪，当他双目失明时，第一件事不是去医院，而是叫他女儿立即通知学生，今天的课不能上了，请假。后来，家的阳台成了教室，他坐在书桌前，静静地等待。上课铃声响起来，他会换上长衫，拄着拐杖，迈着步子，走向阳台，坐在椅子上，开始上课。讲到某处，或者听学生回答到了某处，他总是眯着双眼，凝视着远方。不管身体如何，也不管境遇怎样，这位教育家总是意气风发，总是风华正茂。这是教育家的状态，仪式感里有着神圣感，这是外在的，更是内在的。这是教育家的风度。

风度常常表现为一种独特的才情。小学语文特级教师、情境教育的创始者李吉林是一位才情满溢的儿童教育家。她会吟诵，那些诗篇在她的吟诵中像是一幅幅鲜活的图景；她会当主持人，那时"文革"刚结束，她要报幕，款款然从台后走到台前，风采照人；她会拉手风琴，在悠悠的琴声伴随下，孩子们跳起了舞；她会游泳，雨中拉着女教师一起跳下学校的荷花池，自由自在地游了起来；她会书法，挥毫题写专著的书名，俊逸、遒劲；她是省女排队队员，她是跳伞运动员，她可以演话剧，可以作画……多才多艺，有才情有才趣，而这一切又都自然地体现在情境教育里。教育家的风骨当是一种风华与风采。

姿态、状态、才情，风貌、风发、风华、风采，说到底是一种风范与操守。而风范操守会带来一种风气，积极向上，快乐自由，真诚认真，文明和谐，这是文化的影响，彰显的是文化的力量。风度的意义、价值的确不在其本身，而在于文化的吸引力和影响力。

再说说张伯苓当校长的故事吧。张伯苓一生的事业在教育，先后创办了南开中学、南开大学、南开女中、南开小学和重庆南开中学等。南开者，"难开"也。办学艰难，张伯苓走武训路子，今日乞东家，明日丐西家，以自家面子来换银子。向人讨钱，这是什么感觉？还有什么风度可言？可张伯苓愿意。员工工资一涨再涨，最高月工资升至 300 元，而他自己呢？原地踏足，一直在 100 元。一天去一个豪华会局，别人都开着豪车，而张伯苓，这位大学校长，粗布陋裳。门卫拦着他，问："你是什么人？"他坦然答道："校长。"门卫立正，问："张校长您的车呢？车号是多少？"张伯苓又是坦然一笑："11 号。"对于张伯苓来说，所谓风度，就是为了学校，为了教师，其他一切都是无所谓的，坦然、发自内心地遵从，这是最美的风度。

　　史上流传着"只有一位学生的老师"的故事，故事的主人公是金岳霖。这位刚从哥伦比亚大学获得博士学位回国、在清华大学教书的教授，要开办哲学系。他想招收学生，可报名的人寥寥无几，要求又很高，招不到理想的学生，大半年过去了，只招到一名学生。这名学生叫沈有鼎。沈有鼎在大家眼里是怪人：外表邋里邋遢，一件蓝布长衫，不穿到破烂就不会脱下；一边走路一边思索，眼睛里总是很迷蒙、很茫然；匆匆地走，想他自己的事，从来不和别人打招呼。金岳霖说："我的门下终于有人了，这个学生我要了！一心做学问的是不注意生活细节的。"有时上课，沈有鼎会直截了当地说金教授："你讲错了！"有次说到美国数学家、逻辑学家、哲学家哥德尔的著作的时候，金岳霖想借来看一看，沈有鼎对他说："老实说，你不懂的。"可金岳霖先是"哦哦"两声，然后说："那就算了。"金岳霖没感到下不了台，没感到学生冒犯了他，而是对学生宽容，甚至是尊重。有教师说，金岳霖太宽容了，太过度了，可金岳霖却不这么认为。金岳霖没风度吗？他风度扫地了吗？答案当然是否定的。所谓风度，不是表演，更不是炫技，其核心是为了学生，深爱学生，尊重学生，引领学生发展，舍此，还有什么风度可言呢？即使有人有一些可称道的风度，又有什么价值意义呢？风度是有温度的，而且是有方向的。价值呢？风度绝不在表面，不在形式，而在其内核和实质。

我们可以对教育家的风度作一个整理。教育家的风度当是君子风度。君子风度表达的是君子之道，君子之道是"君子怀德""君子之德风""君子成人之美""君子坦荡荡""君子中庸""君子有礼""君子知耻"。教育家风度当是知识分子风度。知识分子风度表达的是社会责任感、批判的勇气，以及坚持真理、正义。知识分子风度代表着人类的良心。教育家的风度当是学者风度。学者的风度表达的是科学的态度、严谨的治学品质、研究的品位追求。梁启超将此称作"为学与做人"，他演讲时说："你为什么要求学问？你想学什么？恐怕各人的答案就很不相同，或者竟自答不出来了。诸君啊！我替你们回答一句罢，为的是学做人。"做一个真正的人，学问才会表现出一种风度。教育家风度从不离弃教师的风度。教师的风度表达的是为人师表、学高为师、身正为范，教师在学生面前永远有被学生称羡的风度。这是教育家永远的风度。

教育家的风度，映射着"先生之风"，而"先生之风，山高水长"，像是汩汩的清水，流进我们的心里，流进学生的心田。教育家的风度，本身就是教育，本身就是一种文化。

教育家的风格

在我国，风格最早是用来指一个人的风度、品格的，是对人之品貌的全面评价。在西方，"风格"一词的语义也是不断延伸和拓展的。法国博物学家、文学家布封在《论风格》的演讲中说："风格为人的思想的一种秩序的安排和运转的方式。"认为作品所含的知识、事实都是身外物，而"风格却是本人"。江苏省教育科学研究院资深研究员孙孔懿认为："风格是特殊的人格。"正因为此，德国作家歌德在《自然的单纯模仿·作风·风格》一文中说："照我看来，唯一重要的是，给风格这个词以最高地位，以便有一个用语随手用来表明艺术达到和能够达到的最高境界。"我的理解中，"随手用来表明"的意思是风格能最简洁、最准确，也能最方便地用来描述和全面评价一个人的整体风貌及其独特性。为此，我们也应该"随手"用风格来描述和评价教育家。

确实，风格不只是外在的东西，它关乎思想，关乎艺术，关乎人格。风格追求与形成的过程，正是人格的塑造和完善的过程，正是思想的锻造和提升的过程，也正是艺术不断臻于最高境界的过程。由此，不难作出这样的结论：风格是教育家的显著特征，是未来教育家的必然追求和重要条件。甚至还可以这么论断：风格是造就教育家的重要途径和切入口。讨论教育家的成长，风格是一个绕不开的问题。

一、教育家当有鲜明个性和独特风格

现代画家、散文家丰子恺先生曾经写过一篇随笔《李叔同先生的教育精神》，文中比较了李叔同与夏丏尊的不同风格。夏丏尊先生曾经指出李叔同做人的一个特点：做一样，像一样。李先生一做教师，就把洋装脱下，换了一身布衣，灰色长布衫，黑布马褂，金边眼镜换成了钢丝边眼镜。他对学生和蔼可亲，学生有过失，他当时不说，过后特地叫这学生到房间里，和颜悦色，甚至"低声下气"地开导他，态度的谦逊、真诚、郑重，使学生感动不已。这是李叔同的风格。夏丏尊则不同，夏先生心直口快，学生生活上大大小小的事情他都要管，像母亲一样爱护学生，学生也像对待母亲一般爱他，都知道他的骂是爱，而且因为他的头长得像木瓜，给他取个绰号叫"夏木瓜"，其实这不是绰号，而是爱称。

李叔同与夏丏尊有着共同的特点：爱学生。所以，丰子恺说"李先生和夏先生好像我们的父亲和母亲"。相同的爱，却有着不同的态度和方法，不同的态度和方法表现的是不同的风格。丰子恺的这段描述，让我们对教育家及教育家的风格有了许多新的认识。其一，教育家有着真实的人性。在学生面前，他首先是一个真实的人，不同的态度和方法是从心底里流淌出来的，学生感受到的是发自心灵深处的爱，因而学生能接纳、会感动。风格，确实是人格的特殊表现形态。其二，教育家既具有共同的人格特征，又具有不同的个性，教育家是具体的，是"这一个"，是"那一个"，教育家是一个个性化的人，处于丰富多彩的世界，而不是抽象的、笼统的。学生面对丰富多彩的世界，才觉得教育生活的完整、多彩、有趣，才觉得教育家不仅值得敬重，而且可爱，是可亲可学的。其三，风格有着一些重要的特征，但其本质特征应当是独特性。所谓独特，有人用了比喻来诗意地描述：风格是众多合唱声中领唱者的旋律。领唱的旋律与合唱声浑然一体，又与众不同。教育家应当是合唱队中优秀的、独特的领唱者。教育需要领唱者，需要有与众不同的旋律——风格。

　　用这样的故事以及观点来观察当下对教育家的宣传和解读，不难发现，在对教育家的认识上失之偏颇。主要问题在于没有去关注和研究教育家的个性，即没有认真探讨教育家的风格。讨论与宣传教育家的精神思想，尤其是宣扬教育家的事业心、爱心，这固然是对的，而且是必需的，但只解读这一方面而不关注个性风格又是很不够的，其结果往往会造成一些假象，误以为教育家是"神"，可望而不可即，深不可测，高不可攀。倘若如此，风格被遮蔽了，个性被淹没了，说到底，朴实而崇高的人性，可能被神秘化了。这是其一。风格的"缺席"，往往使教育家失去了鲜活个性，失却了活力，从某种意义上来说，这样的教育家是不完整的，也是不真实的。讨论与研究教育家的风格，让教育家回归真正的生活世界，让大家真切地触摸到教育家完整内心世界的"这一面"与"那一面"、"这一种"与"那一种"，从而倾听到他们真实的心灵的声音，感到教育家就在我们身边。这是其二。前文所述，风格的追求与形成可以作为教育家成长的重要途径和突破口。教育家的成长有多个核心要素，也有多个发端、多个切入口和突破口，但因风格是特殊的人格，所以风格可视作教育家成长关键性的核心要素。从追求与形成风格入手，可收"牵一发而动全身"之效，推动教育家核心成长要素的实现，未来教育家在成长之路上可以走得更好更远。这是其三。正因为此，在教育家成长的实践和研究中，应当将风格的讨论置于十分重要的位置。让风格永远在场，就是让真实的、完整的、鲜活的教育家永远在场，就是让我们广大教师、学生永远和教育家在一起。同时，让优秀、杰出教师有这样的追求：也许我成不了教育家，但我永远有教育家的情怀，永远有着自己的教育主张和风格，永远努力像教育家那样去教书育人。我以为，这才是"教育家办学"的崇高境界，也才是教育家培养工程或奠基工程的最高使命与旨归。

二、教育家风格的核心是爱的真诚与无私

1979 年春天，南京大学校长匡亚明收到一封奇怪的告状信。告状信没有原告的姓名，只注"一名教师"，也没有被告。更奇怪的是连申诉的理由也被"匿"了，被告有什么不当之处，也只字不提。匿名信的大意是：匡校长，我不想把我向您反映的意见写出来，只是希望您能在晚上 11 时后，到教职工宿舍前站一站，看一看，就可以晓得我的意见是什么，知道我批评的是谁了。如果您第一天看了没有悟出来，第二天再去就一定会全然明白我告状的主要内容。匡校长接到匿名告状信以后，按匿名信所述，于夜里 11 时赶到了教职工宿舍楼前。那时的楼不高，只有四层，一层、四层灯火通明，可是二层、三层一片漆黑。他一看就明白了：开灯的在开夜工，关灯的已经入睡；而开夜工的是教师，早眠的是行政人员；行政人员住的层次好，教师住的层次差。他知晓了：行政人员"欺负"教师。这怎么行！大学里不能容忍行政化倾向，匡校长立即要求给教师调换房子，这一举措，提升了知识分子的地位。

这就是教育家，这就是教育家的精神。匡亚明这位教育家以他亲身的行动告诉我们，教育家应当有精神，教育家的精神不虚空，因而也可能算不上伟大，它具体、实在。我们

常说，教育家的精神是挚爱教育事业，而匡亚明则用行动诠释了热爱教育事业，必须落实在热爱教师和学生身上。我想，真心实意地爱教师、爱学生是热爱教育事业的核心，一个不真心实意爱教师、不把自己心灵献给学生的人，怎么可能是教育家呢？

匡亚明的事迹还告诉我们，真正付出爱是需要勇气的。匡亚明心底无私天地宽，不怕得罪学校行政人员，没有瞻前顾后，没有纠结，而是当机立断，毫不犹豫地作出决策，立即采取了行动。

说到爱学生，不得不想到胡适。胡适是教育家，他爱学生，一心一意，真真切切，又把爱隐藏起来，让学生不察觉，表现了一种大爱的情怀。林语堂是胡适的学生，他出国留美留德的费用，名义上是向北大借的钱，其实是胡适个人资助2000美元，当然是无须归还的。没有这笔留学款，林语堂可能不是今天的林语堂。青年陈之藩不是胡适的学生，比胡适小了好多岁，后来他们成了忘年交。出于对青年才俊的爱惜，胡适同样资助400美元作为保证金，让陈之藩出国留学，使之完成了学业，当然也无须陈之藩归还。胡适说："我借出的钱从来不盼望收回，因为我知道，我借出的钱总是'一本万利'，永远有利息在人间。"确实，胡适用自己无私的品格铸就了最重要利金。"利息永远在人间"就是他的爱，他的帮助，永远在他所热爱的学生中，而学生又去帮助其他人，"利生利""息生息"，越滚越多。为着未来，为着民族，他的爱永远生发着巨大的效益。

教育家对学生的爱，因为是无私的，所以是悄悄的，从不张扬，也从不炫耀；反之，如果爱的行为轰轰烈烈，倒可能不是真正的爱，他很可能成不了教育家。美国心理学家罗洛·梅认为爱与意志是教育中两个重要因素，应当相提并论，缺一不可，没有爱的意志只是一种操纵，缺乏意志的爱，必然只是一种无谓的伤害。爱的意志是什么？爱的意志在哪里？教育家告诉我们：爱的意志在于对学生爱得真诚，对学生爱得无私。

三、教育家的风格是思想的血液

风格的深处是思想。法国著名作家福楼拜说，风格是"思想的血液"。俄国思想家别林斯基则说，风格是"思想的雕塑"。血液也好，雕塑也罢，是思想铸就了风格的力度和厚度。可以说，风格是思想的另一种表现方式，思想常常融化在风格中。所谓风格的独特性，主要是思想的独特性，独特的风格表达的正是独特的思想。我把独特的思想称为教育主张。教育主张是教育思想的个性化，教育主张较之一般意义上的教育思想或教育理念，更具稳定性，也更具体；教育主张也是教育思想学科化的表达，教育思想或是理念化为教学见解，体现了教育思想与学科特征的融合。

我们可以先举一些其他的例子，因为"家"是相通的。张季鸾是民国时期最具声望的报人。1926年，张季鸾郑重其事地提出了独立办报的方针，即"四不"方针。其中，"不卖"则力图排挤金钱对报纸的腐蚀；"不私"主要从报纸功能上明确为公众服务的原则；"不盲"则主要是从编辑主体角度阐明了实践中应规避的情形。这是张季鸾的办报宗旨。办报主张，促成了办报的风格——独立、鲜明、坚定。正是这样的主张，让他在主持笔政的三十余年间，办出了最好的报纸。夺得国际建筑界的最高奖"普利兹克奖"的王澍，尽管反对别人用风格来总结他，但他确实有着自己独特的个性，因为他有自己的主张："我作为一个建筑师之前，是一个知识分子、一个文人""造房子就是造一个世界""我的建筑会呼吸""尊重过去，而不要只是把它抹掉"。王澍还不是教育家，但这些主张用之于教育（何况他是大学教授）不也道出了教育的意义与真谛吗？如此看来，无论是报人，还是建筑师，还是其他什么"家"，有没有自己的主张，风格是不一样的。

尽管"家"是相通的，但还是要回到教育家上来。叶圣陶，著名教育家，他有自己的教育主张。他讲过这样的话："小学教育的价值，就在于奠定小学生一辈子有真实明确的人生观的根基""学校教育的目的就在于使学生养成正确的人生观，因而不能不注意教育与人生的关系。"在这一核心主张引领下，他又提出了"七大观"："学校教育应当使受教育者一辈子受用"的教育本质观；"教育就是要养成良好习惯"的素质教育观；"教是为了达到不需要教"的教育哲学观；"受教育的人的确跟种子一样"的学生主体观；"德育总跟智育、体育结合在一起"的全面发展观；国文是"发展儿童心灵的学科""应付生活的工具"的语文教育观；"教育工作者的全部工作就是为人师表"的师表风范观。历史走过了这么多年，我们至今都沐浴在"养成良好习惯"以及"学生跟种子一样"等教育主张的阳光下，感受到丝丝清凉和永远的温暖。读着他的话，我们眼前浮现的就是叶圣陶那和蔼的面容、扬起的寿眉、智慧的眼神，那人格，那风格，一直抚慰着我们的心灵，撞击着我们的思想。

教育主张是教育家风格的灵魂，它让教育家站在一块高地上，俯瞰教育田野，瞭望教育的未来世界。教育主张让教育家的风格中满含学术的色彩和研究的含金量，因而有厚度、有深度、有力度。用这样的观点来观察一下当今未来教育家的成长，不难发现，有些人虽努力、刻苦、勤奋，但缺失的是自己独立的人格、自由的精神，缺失的是独特的见解、鲜明的主张、深刻的思想，因而往往面面俱到而略显"平面"，甚或有些平庸。当然这也是一种风格，但用"风格"之原意、用歌德关于"风格是艺术"的最高境界等论述来考量，这样的"风格"偏离了风格的深刻意蕴，缺失了思想的血液，因而它一定是平庸的，而且算不上教育家的风格，至少不是大家所认可、所称道、所仰慕的风格。

四、教育家的身份与风格以及必须谨防的"官风"

教育家的风格与他自己的身份认同和追求紧密联系在一起。教育家自己认同什么身份，追求什么，就会在实践中形成不同的风格。从这层意思来说，风格的确是特殊的人格。当代画家吴冠中认为，风格是人的背景，其含义是，风格是人格的投射，而且风格应当任别人去评说。

教育家应当有什么身份？应该形成什么样的风格？又应当警惕和谨防什么样的不良作风？

教育家应当有学者的风度和风格。教育家视学术为生命，绝不以金钱、利益、地位、官职为追求。一心追求学术的人，体现出的气质肯定是与一心当官的人不同。梁启超是著名的思想家、教育家。作为教育家，梁启超的学问，自不待言。其实，他不仅学问做得好，站在讲台上，亦是别有一番风采。他给清华大学的学生上课，走上讲台，眼光向下一扫，然后是简单的开场白，"启超是没有什么学问"，眼睛向上一翻，轻轻点点头，"可是也有一点喽！"谦逊，不乏可爱的自负。这是一种学者的风格、名士的风度，事实亦如此。同样是学者的熊佛西回忆他的老师梁启超道："先生讲学的神态有如音乐家演奏，或戏剧家表演；讲到幽怨凄凉处，如泣如诉，他痛哭流涕；讲到激昂慷慨处，他手舞足蹈，怒发冲冠！总之，他能把整个的灵魂注入他要讲述的题材或人物，使听者忘倦，身入其境。"学者，学术铸就了自由的品格和风格。

教育家应当有研究者的品格与风格。教育家不是教书匠，研究是他的方式和习惯。而研究者的态度是实事求是，承认无知，从问题出发，深入研究，力求突破。王国维，大师也。他讲课逻辑性强，凡经他做过精深研究的课题，都有严谨的分析，有肯定的结论。但是，当他碰到某些问题时，又常以"这个我不懂"一句就带过去，有时一节课下来，竟说了几个"我不懂"。"我不懂"，不乱讲、不搪塞；"我不懂"，需要研究，需要搞懂。教育家总是在研究中求学，以研究对待教学，研究是教育家的品格，形成了研究的风格。

说了以上这么多，无非是说，教育家不是官，不应有"官风"，千万不能沾上官气，染上官腔，"官风"绝不是教育家的作风，也绝不是教育家的风格。遗憾的是，当下的一些名校长、名师对此缺少应有的警惕，甚至有所沾染，这，很不好。研究教育家的风格，必须让教育远离官僚化。让教育家以自己的身份，以自己的风格与品格，去引领教师，与大家一起去推动教育改革。

眼睛、肩膀与"弄斧到班门"

新时代，着眼并着力于未来教育家的培养、造就，造就未来教育家首先要有"未来"的理念与精神。

未来是我们要创造的地方，脚下那片火热的土地正是"未来"出发的地方；未来教育家是在新时代生态中生长起来的，而"现在"正是生长的萌芽、拔节、孕穗的关键期。倘若"现在"是踏实的、生根的、扎实的，那么未来才是充实的、丰实的、深厚的。如此，"未来"才不会"悬浮"，更不会落空。无论是历史、现在，还是未来。让当今的教育家的文化得以赓续，星火才能相传，燎原的大地才会是希望的田野。

李吉林，于2019年的夏天离我们而去，走得早了，走得急了，但又总觉得她还在我们中间，只有想给她打电话时，才又一次清醒，斯人已逝……在感伤、怀念与无奈中按下挂断键。其实，对话键一直开启着，她给了我们一双明亮的眼睛，一种永不消逝的眼光和声音。李吉林走后，学校给她塑像，让她永远与孩子们在一起。雕塑家把她的照片排列在工作室的周围，从不同的角度凝视她，捕捉她的灵魂所外显的特点。一天又一天，终于有一天寻找到了！雕塑家告诉李吉林的女儿：你妈妈的眼睛是很干净的！啊，多么准确，又多么深刻。眼睛是心灵的窗户，干净的眼睛意味着心灵的干净，干净的心灵是纯洁的、高尚的，一心为着情境教育，一心为着中国儿童情境学习方式的完善与传播，一心为着儿童健康、生动活泼地发展。是的，未来教育家当有一双干净的眼睛。

于漪老师的每一次讲话都让我们一次又一次打开，打开心灵，打开格局，打开境界。她说，站在教室里，我的两只肩膀，一只肩膀挑着学生的现在，一只肩膀挑着民族的未来；今天的教育质量就是明天的国民素质。深情的话语闪耀着深刻的思想：挑着学生，就是挑着民族；挑着学生的现在，就是挑着民族的未来。这是责任的担当，使命在肩的神圣。信仰化作使命，使命在岗位，岗位会闪光。这是深切的情怀、宏大的视野、高蹈的格调。是的，未来教育家当有一双坚强、担责的肩膀。

华罗庚，无疑是伟大的数学家、教育家，是我国数学界的喜马拉雅山，仰之弥高，有着大家的风骨与独到的思想见解。我国有句成语"班门弄斧"，意思是在行家面前卖弄本领，便像欧阳修说的那样，"班门弄斧，可笑可笑"。可是华罗庚却认为，"弄斧必到班门"。反其意而用之，那就是要在大专家面前展示，既是请教，又是切磋，更是寻找更高的平台，接受更大的挑战。唯此，教育家的弟子们才会有勇气、有志气、有骨气，最终锻造了底气，提升到新阶段、新境界。是的，未来教育家当有"弄斧到班门"的志向和求大进步的能力。

干净的眼睛，担责的肩膀，"弄斧到班门"的勇气，等等，是教育家的品格与精神，未来教育家当薪火相传。

第四辑

弘扬教育家精神：我们的信念与行动

做新时代的"大先生"：
教师的信念与行动

2021年教师节，习近平总书记考察清华大学，在讲话中向清华大学的老师们提出，要做新时代的"大先生"。什么是"大先生"呢？总书记说，"大先生"是"学生为学、为事、为人的示范"，"大先生"要"促进学生成长为全面发展的人"。这是对教师的新要求，是对"四有"好教师、"四个引路人"的进一步凝练，为教师专业发展进一步指明了方向和境界。我们应该深入理解、准确把握、积极践行。

一、"大先生"应是一个"大写"的人

教育家、"大先生"们首先是人。他们透射出伟大民族的形象，透射出真正的、可贵的人性。学者杨绛正是这样的人，在丈夫钱锺书的心目中，对杨绛的评价是八个字：最贤的妻，最才的女。杨绛自己也说，我愿做钱锺书的"灶下

婢"。她和钱锺书真实地生活着，充满着人间烟火气。杨绛最喜欢说两句话，一句是："谢谢，我不够格。"在中华文化大奖评选中，组委会给她发来邀请函，杨绛婉拒了，并说：谢谢，我不够格。她曾在牛津大学读书，所在的学院院长聘她为学院的荣誉院士，她回复说：谢谢，我不够格。院长继续邀请她，她说：当年我在牛津大学只是个旁听生，旁听生怎能当院士呢？她又说：千万别把钱锺书的学术成就加到我头上。她还说：现在，我每天读书有一点点进步，就心满意足了。"大先生"既在世俗中，又超越了世俗，用出世的态度做入世的事情，这才是一个"大写"的人。杨绛常说的第二句话是："我是一滴水，不过是一滴清水，不是肥皂泡。"一滴水很微小，但一滴清水并不渺小，因为它能折射整个太阳的光芒，让我们看到了天空，以至看到整个宇宙。肥皂泡虽然很大，而且五颜六色、五彩斑斓，可刹那间破碎了，不复存在。肥皂泡有毛病：浮夸、浮华，很浮躁。一个人或一件事的伟大，不是显得伟大，而是因为伟大。我们细想想：在教师专业发展中，我们有追求，但浮躁吗？浮夸吗？浮华吗？这"三浮"是我们发展之路上的敌人，年轻教师要特别警惕。

"大先生"无疑是崇高的、伟大的，但却不神秘，也并非高不可攀。从做一个真正的人开始，做一个"大写"的人。"大先生"就和我们生活在一起，我们也在生活中锤炼自己。

有理想有信念有追求的生活，从来都不会欺骗我们。也许，这就叫青春无悔，也叫"老骥伏枥，志在千里"。

二、"大先生"应有"大丈夫"精神

"大先生"是有情怀、有道德的人，在继承和弘扬中华优秀传统文化中，塑造灵魂，培育精神品格。孟子曾论述过"大丈夫"，他从"大丈夫"的"四心"开始阐述，强调一个人应当有恻隐之心、羞恶之心、辞让之心、是非之心。大家都知道，恻隐之心，就是同情心、怜悯之心，讲仁爱；羞恶之心，就是有羞耻感，有荣誉感，讲正义；辞让之心，就是谦让，讲礼；是非之心，就是分清是非，讲智。孟子认为这"四心"可以生出四种美德和品格：恻隐之心生出仁，羞恶之心生出义，辞让之心生出礼，是非之心生出智，这便是仁、义、礼、智，是中华文化的思想精髓。不仅如此，孟子还提出"大丈夫"精神。所谓"大丈夫"精神，就是众所周知的"三不"——富贵不能淫，贫贱不能移，威武不能屈。至今，"三不"精神仍具有时代意义。改革开放后，中国人富起来了，生活条件得到了极大改善，有少数人包括少数青少年在内，崇尚娱乐，追求享受，这种思想和行为已经偏离了中华民族的传统美德，因此，"富贵不能淫"仍然是现代人应该坚守的美德。中华民族多灾多难，但再艰难、再贫穷，我们始终意志坚强，不坠青云之志。我们要改变贫贱的生活，但一定要守住"贫贱不能移"的志气。中华民族不屈不挠，从不向威武低头，从不弯下民族的脊梁。在百年未有之大变局中，中华民族更应该有志气、有骨气、有底气，诚如徐悲鸿先生所说，"人不可有傲气，但不可无傲骨"，这就是"大丈夫"精神。

"大丈夫"精神还表现在"四为"上——为天地立心，为生民立命，为往圣继绝学，为万世开太平，这是北宋张载提出的口号。如果说，"三不"是"大丈夫"的精神品格，那么，"四为"则是"大丈夫"的责任与使命。"四为"，不是为自己，而是要担起责任，为别人，为民族，为国家，为文化的传承，为社会的进步，为生活的幸福，为人类的和平。"三不""四为"编织了"大丈夫"的形象，彰显了"大丈夫"的理想与信念。"大丈夫"精神就是中华民族精神，其特质在于义不容辞的使命担当。无论是精神品格，还是理想信念，新时代的教师都应继承、弘扬，并且将这"大丈夫"精神传承给下一代，为中华民族培养可靠的接班人。

三、"大先生"应胸怀"国之大者"

"大先生"应胸怀"国之大者"，要将"小我"融入"大我"，为了国家利益，在价值实现中走向"大先生"。"国之大者"是中华经典中的一个重要概念与思想，阐述这一精炼表达并赋予其深刻内涵的，当推《道德经》。《道德经》中说"域中有四大"，"道大，天大，地大，王亦大"。"天"，特指天上的轻扬之气、日月星三光等，代表一切事物所处的特定历史时期，意指任何一个国家都有特定的时间和历史；"地"，特指在下的混沉之气、天涯的大块等，意指厚载万物的地域，每一个国家都建立在一定的国土之上，具有独特的地理与地域特征；"道"，这里特指道路、路径，国家要走大道、正道，否则会成为迷失者；"王"指人，更指打通天地人"三才"的领导者，要"以百姓心为心"，安邦定国，治平天下。"大"者，重大也，国家之支柱也；胸怀"国之大者"，在我看来，就是将国家装在自己心中，人民利益高于一切，国家的需要就是我的需要。

还是讲讲胸怀"国之大者"的故事吧！这里有三位主人公：邓稼先、杨振宁、吴健雄。2021年9月22日，杨振宁发表了百岁生日演讲，其中以恳切的深情再次提到邓稼先。邓稼先是"两弹一星"的元勋，是杨振宁最为知心的朋友。1971年，杨振宁回国，他特地向邓稼先求证了一个问题：中国研制成功的原子弹有没有外国科学家参加，全是中国人自己研制的吗？邓稼先告诉他，全是中国人。在送杨振宁去机场的路上，邓稼先送给他两句诗："但愿人长久，千里共同途。"言下之意是，你和我做的是同样的事情，走的是同样一条道路，但我暂时不能告诉你。在这次演讲中，杨振宁说：我觉得五十年以后，我可以跟邓稼先说，稼先，我懂你"共同途"的意思，我可以很自信地跟你说，我这以后五十年符合"共同途"的瞩望，我相信你也会满意的。

吴健雄，江苏太仓人，她曾经帮杨振宁、李政道完成了一个实验，用数据证明了"弱相互作用下宇称不守恒定律"，由此，杨振宁和李政道荣获了诺贝尔物理学奖。其实，当时吴健雄已和丈夫买好了回国的机票，她接到电话，毅然决然地留下来做实验。在吴健雄的母校——太仓明德学校的校园里有吴健雄的墓园，她的坟墓是球体的，墓前有一条小溪流，水缓缓地流动着，溪水上竖着两根杆子，每根杆子上都有一个铜球在轻轻地转动，这个设计表达的是宇称不守恒定律的意蕴。吴健雄的墓志铭是两句话："她是一个卓越的世界公民，和一个永远的中国人。"各位老师的脑海里一定冒出这样一句话：她胸怀"国之大者"。

是的，"大先生"应当胸怀"国之大者"。"大先生"不仅要实现个人价值，还要实现社会价值，把"小我"融入"大我"，个人价值要服从国家利益。"国之大者"有着不同的内涵，我认为，教师要胸怀"国之大者"，应当胸怀教育，热爱孩子，努力培养担当民族复兴大任的时代新人。

四、"大先生"应是有情怀、有担当的知识分子

"大先生"应是有情怀、有担当的知识分子，以积极的态度批判落后与丑恶，并建构更加美好的生活。所谓"弱智化"，不是指知识少了，而是指社会责任担当的意识弱化了，

批判的勇气弱化了。所以，真正的知识分子要有对社会问题的敏感性，要有批判的勇气，要有对社会、对集体、对国家的关心。这里有个问题必须澄清，那就是知识分子的批判应是怀着积极态度的，心中有美好的愿望。他不应是怀疑一切，否定一切；他不仅是旧事物的解构者，也是一个新世界的积极建构者；他更不是端着人民的饭碗骂国家的人，这样的人不是真正的知识分子，也肯定不是"大先生"，这样的人我们应当毫不留情地加以批判和唾弃。

现在实施"双减"政策，学校发生了一些根本性的变化。我认为，"双减"是党中央从长远规划考虑制定的政策，也是个政策工具，其目的是回归育人主体，切实减轻学生过重的课业负担，重构良好教育生态，促进学生全面、健康成长，其在实施过程中也产生了一些问题，包括教师的负担越来越重、校本研修时间得不到保证、学生在校时间也很长，等等。对此，我们该持什么样的态度呢？我想，一是要正视这些问题，勇敢地面对问题，同时相信这些问题最终能够得到解决；二是要用专业的方式、研究的方法解决这些问题。总之，我们要拥护"双减"，又要以更加积极的态度对具体问题进行改进和完善，使"双减"更加符合教育规律，更加深入地实施。

五、"大先生"应是专业的智者

"大先生"应是专业的智者，要在教书育人上下功夫，提升育人的本领和水平，做新时代立德树人的好教师。"大先生"不仅有大德大爱大情怀，有坚定的理想信念，还拥有扎实的学识和育人的智慧。首先，"大先生"要深入研究儿童。我认为儿童研究是教师发展的"第一专业"，教师要担起责任来。儿童是一种可能性，可能性既有正面的、积极向上的，也有负面的、消极落后的，教师的职责就是要从现实性中发现可能性，引导儿童朝着积极向上的一面去发展。所以，对于儿童该要求的就要求，该严格的就严格……教师的爱是教育爱，是大爱。再次，教师要将立德树人落实到教学过程中，积极探索课程育人、学科育人、教学育人的规律和特点，努力创新育人方式，做有实践智慧的好教师。

我们是中小学教师，离"大先生"还有好"大"一段距离，这是事实。但是，我们应当朝着这个方向去努力。先做好教师，先做"小先生"，再做"大先生"。其实，在好教师、"小先生"与"大先生"之间并没有明显的界限，这是个渐进的过程。"大先生"不是个称呼，"大先生"应该存活在心里，更应体现在日常的行动中。

中国式现代化建设呼唤更多"起来先生"和"来先生"

"起来！不愿做奴隶的人们！把我们的血肉，筑成我们新的长城……"雄壮的国歌声永远响彻祖国的蓝天，永远回响在我们的心灵深处，激发起我们的昂扬斗志，汇聚起民族复兴的磅礴力量。尤其是起句"起来！"贯穿国歌的始终，歌词结尾又是连续几个"起来！"一次次的呼唤，一次比一次高亢、激越。据说当年聂耳在听到这一歌词后，半夜撞开田汉的房门，激动地说：让我来谱曲……在艰难岁月里，在战争烽火即将燃遍祖国大地的时候，"起来！"的歌声像一声惊雷，刺破了黑暗的夜空，唤醒了沉睡的同胞。后来有人索性称田汉为"起来先生"。

"起来！"是惊雷般的唤醒，是钢铁般的誓言，是巍然屹立的身姿，是中华民族不屈不挠的形象。"起来！"既是历史的呼唤，又是时代的召唤，是伟大的民族精神，更是新时代以中国式现代化推进中华民族伟大复兴的真实写照。1949年，中华民族勇敢地站立起来，挺直了脊梁；改革开放以来，尤其是近十年，中国正在走向共同富裕；随着新动能、新动力的开发，中国的伟大复兴将会实现，中国将最终强起来。从站起来到富起来再到强起来，这是中国历史的逻辑、时代的逻辑、未来的逻辑，不可阻挡。只要我们"起来"，中国的和平崛起是必然的。在"起来"中，富贵不能淫、贫贱不能移、威武不能屈的"大丈夫"永远挺立。当然，在"起来"中，那种躺平的想法和状态将被击破。"起来先生"义不容辞地肩负起呼唤、激发、鼓舞、引导的任务。

中国有"起来先生"，还有"来先生"。"来先生"是我给陶行知先生取的名字。称陶行知是"来先生"，是由于受到他的言与行、知与行的启发。陶先生说："人生为一大事来，做一大事去。"他又说："捧着一颗心来，不带半根草去。"在这两个"来……去"中，陶先生的崇高精神与品格生动凸显。这里的"来"，是来为教育鞠躬尽瘁，为民族培养新人。陶先生一直在孩子中，也不断在呼唤我们"来到小孩子的队伍里"。陶先生真的是"来先生"。

"来先生"召唤我们"来"，实质是召唤我们去"做"，"来"的目的是"做"，"做"是"来"的继续，也是"来"的核心要义。当然，这里"来"的绝不只是一个人，而是大家都来做"来先生"，做起来，做出来，持续做，创造性地做，做得好，做成功。"做的哲学"让先进的理念、思想转化为丰富生动的实践。为此，我们要勇敢地"来"，来创造新时代的新赛道，做新赛道上的奔跑者、奋斗者、奉献者、创造者；来到中国式现代化建设大军里，增强文化自信，提升关键能力，踔厉奋斗，守正创新；来到新课程改革中，以课程改革推动更高水平育人体系的构建，撬动教育高质量发展。

无论是"起来先生"，还是"来先生"，都有一个"来"，而这个"来"最终是扎根中国大地，瞭望辽阔世界，面向美好未来。未来充满不确定性，但这并不可怕，可怕的是理想信念的缺失，是斗志的松懈，是创新精神、创新能力生长得过于缓慢。正因为意识到各方面的不确定性，我们才要努力从中寻找确定性，在做好充分准备中生长起信心，这需要我们都做新时代的"起来先生"和"来先生"。

中国式现代化建设要蹚过千山万水，甚至要经历险山恶水，经受千难万险，但有了"起来先生"和"来先生"的精神鼓舞和行动感召，相信我们一定会千帆竞发、百舸争流、指点江山、激扬文字，谱写中华民族伟大复兴的壮丽诗篇。面朝未来，繁花似锦，伟大中国梦的实现指日可待。作为教育者，我们要保持乐观期待，努力争做新时代的"大先生"。

名师成长之路：季羡林与 王国维的一次"对话"

　　教师是学校发展的制高点，谁拥有优秀的教师，谁就会站到高的平台上，就会赢得更好的明天。因此，教师队伍建设，尤其是名师成长，也就必然地成为教育改革和发展关注的重点。

　　但是，名师究竟是怎样培养、怎样成长起来的，我们对此认识还不清晰。不过，季羡林先生对王国维先生"三重境界说"的阐释，为我们揭示了名师成长的纽带。季羡林认为，"昨夜西风凋碧树，独上高楼，望尽天涯路"，这是说，人的发展，人走向成功，必须站得高，必须望得远。向天涯之路的深处瞭望，让人视野开阔，胸中充满憧憬，燃起理想的火焰。"衣带渐宽终不悔，为伊消得人憔悴"，这是说，要成功必须付出，没有"衣带渐宽"而"憔悴"的刻苦与勤奋，怎可能与名师牵手？这种"终不悔"的精神与情怀，让人永远保持前行的姿态。"众里寻他千百度。蓦然回首，那人却在，灯火阑珊处"，这是说，在经历千辛万苦之后，人突然有了新的发现，有了新的抵达。成功，往往是一种新的发现、新的抵达，而新的抵达又往往意味着新的出发。

瞭望—付出—发现，这是名师的成长之链。在阐释了王国维先生的"三重境界说"后，季羡林先生又说，王国维讲的自有他的道理，但又不完整。他认为至少有两个因素需要补充，一是人的禀赋。禀赋是人发展的重要基础，重视禀赋，就是从人的基础和特点出发；而人的先天禀赋各异，各有各的智能优势或强项，因而不同的人有不同的发展方向。重视禀赋，就是要寻找和发现自己发展得最大、最好的可能。二是机遇。人生中有多种机遇，把握住机遇就会站到一个新的平台上。但是，面对机遇，不同的人有不同的态度和处理方法，不同的态度和处理方法就会有不同的结果。居里夫人说得好：成功者总是找办法，失败者总是找借口。因此，对于各种"打造"的组织行为，我们应该视作一次机遇，还应该学会说"感谢"。

季羡林其实是与王国维作了一次隔时空的对话。在名师成长的链带上，季羡林增加了两个重要的因素和环节。如果细致地作一些划分，机遇更多的是外部条件和客观因素，其余的更多的是内部条件和主观因素。内部条件和外部条件的统一，主观因素与客观因素的结合，尤其是发挥内因的"根据"（毛泽东说，外因是变化的条件，内因是变化的根据）作用，教师才会健康地、持续地发展，才会成长为名师。

课程改革好比是一条新的起跑线，沿途是一个个驿站。课改以来，教师们站到了起跑线上，开始了新的出发，经过一个个驿站，在实践中反思，在反思中调整，在调整中继续向前。我们欣喜地看到，一大批年轻的教师激情澎湃地投入课程改革。他们站在高处，瞭望远方，瞭望教育的理想，认识和梳理自己，潜心研究，刻苦努力，抓住机遇，开发资源，成长为优秀的教师，在名师之路上快速前行。那种"众里寻他千百度。蓦然回首，那人却在，灯火阑珊处"的惊喜，让我们分享了课改的成功，领悟了名师成长的规律。让我们也和王国维、季羡林来一次关于名师成长的"对话"吧！

弘扬教育家精神：人生应有三个自觉

弘扬教育家精神旨在育师，重在弘扬，实在践行。学校是弘扬教育家精神最具活力的基地，教师是弘扬教育家精神的主体力量之一，教师对弘扬教育家精神的态度与行动成为弘扬的关键。毋庸置疑，党中央关于弘扬教育家精神并使其成为广大教师的自觉追求，应是时代的重大命题，自觉追求当是教师应有的精神状态和切实行动。为此，广大教师一定要在中央要求和自觉追求中寻求发展的精神动力与思想张力，当教师成为有理想、负责任的行动主义者的时候，弘扬教育家精神，加强新时代教师队伍建设的目标定会指日可待。

何为自觉？又何为自觉追求？教育家们多有论述，并为我们树立了言为士则、行为世范的楷模。杨绛说："人生一世，需要三个自觉，无非是认识自己、洗练自己、自觉自愿地改造自己。"她又说："人这一生，就是在自我探求中，逐步觉醒的过程。"所言极是，认识自己、洗练自己、改造自己谓之为自觉。自我认知是自觉的前提。教师是知识的传授者，但更为重要的，教师是精神劳动者，内蕴着思想劳动，伴随着情感劳动，并生长起育人智慧。不言而喻，要让有信仰的教师讲信仰，让有道德的教师讲道德，让有智慧的教师讲智慧……总之，有精神的教师才能培养有理想信念的学生，只有教师挺起精神脊梁，学生才会挺起精神脊梁，中华民族才能真正挺立在世界中。这样的自我认知，其实是教师的职责，尤其是教师使命的认知，这样的自觉才是深刻的。

洗练自己，杨绛解释得十分清晰，"打破外在的虚相，提升内在境界"。我以为就是要有强大的内驱力，学会反思。具体而言，要抵制，抵制惯性，"勤学笃行，求是创新"；要克服，克服惰性，"乐教爱生，甘于奉献"，在躬耕教坛中甘于奉献；要突破，突破局限性，"胸怀天下，以文化人"，用弘道追求提升教书的境界。洗练自己，不断追随教育家，像教育家那样当老师。如此，追求成为教师一个个持续的行动。

改造自己要从改变自己做起。自觉，最终是对自己负责，让自己的人生更饱满，让自己成为意义的创造者，而绝不是意义的破坏者。一个教师对自己负责，实质是对孩子负责，而对孩子负责便是对民族和未来负责。弘扬教育家精神便是用精神提升自己的为师境界，达至梁漱溟所说的"有自觉才有自由"，越自觉的人就越自由，自由的境界是创造的境界。

教师离不开三尺讲台。教师自觉弘扬教育家精神，要落实在课程教学中，落实在日复一日、年复一年的教学生活中，这样，弘扬才是扎根性的落实。党中央的意见非常明确：要"贯穿教师课堂教学、学科研究、社会实践"，要"日常浸润、项目赋能、平台支持"……这些意见指明了弘扬的路径、手段和必要的制度保证。教育家是在课堂里站立起来的，是从学校里走出来的，是在教书育人的过程中"长"出来的。用教育家精神照亮课程、课堂，照亮生活，照亮教师的心灵。所有的自觉追求，实为精神追求、价值追求，自觉追求实为自我成长的文化自觉。文化自觉，将教育家精神转化落实在教育教学中，成为一个个丰富而生动的实践情境。弘扬教育家精神的自觉追求，那是教师在用青春和生命为祖国而歌唱。

学校：弘扬教育家精神
最具活力的基地

弘扬教育家精神是个永恒的命题。随着实践的持续推进，弘扬教育家精神的一些问题还需要我们理解得更深入，把握得更准确，实践得更有成效。我以为以下几个方面的问题要进一步讨论。

一、弘扬教育家精神要用精神引领生活，教师应该成为生活意义的创造者

教育家精神具有精神崇高性，引领我们处理好精神与物质的关系。精神与物质相对应，也很容易发生矛盾和冲突。人离不开物质，也离不开精神。物质提供了生活的基本条件保障，让人得以快乐生活，身体健康，生活的一切都能如常，而且充满学习、工作、生活的活力。人是不能离开世俗的，人间烟火气让人真实起来，鲜活起来。但是，人不能只在世俗中，不能一直在世俗中，在追求物质生活的同时，还必须有精神生活的追求。如此，人既在世俗又超越世俗，并且用精神引领物质生活，生活更高层面的意义就产生了。教育家精神的崇高性指引着我们处理好生活中物质与精神的关系，努力做意义的创造者，不断走向幸福生活的深处。

　　弘扬教育家精神，我们要处理和克服生活中几个难题。一是正确对待物质生活。我们处在消费时代，享受与娱乐是消费时代的特点，往往绕不开。但是对物质的享受与对娱乐的过度追求将一定会造成意义的变形以至异化。美国学者尼尔·波兹曼的著作《娱乐至死》尖锐地指出，让人类消亡的不是人类所憎恨的东西，而是最喜欢的东西——如果一味地喜欢并无度追求娱乐、享受，那么娱乐、享受就让你消亡。可见，缺失精神的滋养和引领，只追求物质，沉溺在物质享受中，那么人的意义便已消失，以致成了物质的奴隶。精神可以抵制消费时代带来的问题，从单纯的物质生活中跃升出来，创造生活的意义。二是正确对待时间。人是在时间里生活的，各种原因带来生活中的意义困境。时间困境往往是由人的生存本身带来的，那就是时间赋予人以生命，但又毫不怜惜地将人推向生命的终点。由此，在出生与生命终点之间生出多少烦恼，带来多少说不尽的爱恨情仇。从困境里跳脱出来，仅有的办法是让时间生成意义。与此同时，时间的困境还在于，时间的箭头究竟射向哪里，射中了什么，常常是不确定的，难以捉摸。其实，时间的箭头应是意义的箭头，只有在日复一日、年复一年的辛勤劳动中，创造性劳动时间的箭头才能射中意义的靶心，而精神应是意义之源。

以上两个难题的实质是价值困惑、价值难题，如果破解不了便造成价值困境。价值的核心是价值观，价值观的核心是理想信念。我们应高度关注教育家精神第一个突出精神品格："心有大我、至诚报国的理想信念"。理想信念是教育家精神的灵魂。教师的教学生活包括日常生活，总是与立德树人紧密联系在一起，要将立德树人根本任务落实在教育的全领域、全过程，担负起培养有理想、有本领、有担当的时代新人的大任。让有理想的教师讲理想，让有信仰的教师讲信仰，让有道德的教师讲道德，是教育的必然逻辑。总之，教师是社会主义核心价值观的践行者，也是学生正确价值观的培育者。正因如此，教师更要在生活中弘扬教育家精神，更要在生活中创造意义，让自己成为意义的创造者，引导学生进行价值澄清、价值选择和价值引领，逐步建构起人生价值坐标。

综上所述，弘扬教育家精神首先要关注精神，用教育家精神铸造教师精神品格，塑造灵魂，进而塑造学生的灵魂，挺起民族的脊梁，让意义伴随人的一生。

二、学校是弘扬教育家精神最有活力的一块基地，用教育家精神促进学校高质量发展

教育家精神具有崇高性，绝不意味着教育家精神是高不可攀、遥不可及的，也绝不意味着教育家高高在上、高人一等。恰恰相反，教育家就在我们的生活中，教育家精神是在教育生活中生成、铸造起来的，离开生活便无教育家可言，教育家精神也就失去了价值意义。可见生活的扎根性是教育家精神的突出特征。也正因如此，教育家具有亲近性，教育家亲近教师、关心教师、尊重教师、信任教师，又以言为士则、行为世范的道德情操引领教师发展；教师也亲近教育家，追随教育家，学习教育家，在教育家身边受熏陶、有体悟、被影响，专业精神品格和能力得到更好的发展。教育家的亲近性，让教育家精神更显温暖美好；而教育家精神因此实际而更鲜活，更可触摸、更能学习。

弘扬教育家精神重在弘扬。在讨论、明确教育家精神应该弘扬、能够弘扬后，还应该明确如何具体把握弘扬的要旨。弘扬教育家精神不是要求教师成为教育家，让教师都成为教育家既不应该也不现实。当然新时代需要更多教育家，新时代也是诞生教育家的时代，但弘扬教育家精神旨在育师、强师，旨在让教师像教育家那样当老师，像教育家那样落实立德树人根本任务。当教师都能像教育家那样教书育人

的时候，教育强国的目标的实现就有了强大的精神和人才支撑。这正是弘扬教育家精神"弘扬"的要旨。

弘扬的基地在哪里？这似乎是一个无需提问的假命题，其实不然。在前些日子一次校长、教师的沙龙中，一位校长说了一句话：学校是弘扬教育家精神最有活力的基地。大家都认同。道理并不复杂：教育家往往是从学校里、从课堂里走出来的，学校、课堂是滋养教育家的一块沃土，教育家的生命活力、创造力是在学校、课堂这块沃土里获得的，也是在这里得以激发的。而学校、课堂是教师成长的基地，教师日复一日、年复一年地在学校里、课堂里度过，他们的理想在学校里、在课堂里和孩子们共同实现，他们的生命价值也是在学校里、课堂里得到体现和提升的。学校、课堂里师生共同在创造未来，是教育高质量发展的希望田野。说"其实不然"是因为身在其中，却缺少较为深刻的认知，还未有自觉的意识，因而表现出来的是没有将自己的教育教学活动与弘扬教育家精神发生意义对接。我们应该确立这样的理念：在学校、在课堂里弘扬教育家精神是文化自觉与文化进步的过程。弘扬教育家精神的活力源自文化行为模式的逐步建构。

与此同时，我们还应该在教育家精神照耀下，让学校成为精神的高地，成为生命成长的共同体。长期以来，我们一直在探求学校高质量发展的机制与路径。在弘扬教育家精神的今天，我们坚信，教育家精神将渗透到师生生活中，强健学校的生命有机体，心有大我、至诚报国的理想信念，言为士则、行为世范的道德情操，启智润心、因材施教的育人智慧，勤学笃行、求是创新的躬耕态度，乐教爱生、甘于奉献的仁爱之心，胸怀天下、以文化人的弘道追求，不仅是教师的行动指南和法则，也应是学生成长的方向，是整个学校形象的生动体现，是学校高质量发展的新动能、新领域、新境界。

三、弘扬教育家精神要追随教育家，像教育家那样努力做"大先生"

教育家就在我们身边，教育家精神就在我们的日常生活中，但需要我们主动去追寻，抓住机遇学习，才能让自己成为新时代的"大先生"。

重庆有所童心小学，大家称校长为"波波校长"。波波校长从教不久，常去逛书店，这几乎成了他的生活方式和习惯。一次，他在《教育大辞典》中见到陈鹤琴的名字，而且与陶行知、梁漱溟、晏阳初等大教育家排在一起，他才知道陈鹤琴也是大教育家，才知道陈鹤琴儿童心理发展方面的研究的著作。波波校长立即在书架上找他的书，但找遍整个书架都没找到。不甘心，内心的渴望让他没几天又来到书店，终于找到了陈鹤琴的《家庭教育》，他如获至宝，一整个下午都在书店，一口气读完，眼前仿佛开了一扇新的窗户，他开始懂得了学校教育与家庭教育的内在关联，心里有种冲动。离开时，他将书店里的 16 本《家庭教育》都买走。此后，他将这本书作为礼品赠送给老师。

波波校长追随教育家不只在读书上，更是将教育家精神落实在学校教育教学中，推动教育研究与改革。他领悟到，要用陈鹤琴的"活教育"思想来构造学校的文化空间，让学校"活"起来。他把"向儿童学习"当作学校教育核心理念，从加强美育开始以求育人的突破，即以美立德，以德育人，以美其身。如今，童心小学校园成了鸟的天堂，校园里有几十种鸟儿飞来飞去，欢叫着，蹦跳着，飞翔着；校园成了田野，当几片地上油菜花开的时候，校园成了金黄色的海洋；校园是一片森林，一棵棵小树向上而长，自由呼吸，成为学校之肺；校园里有泥潭，有小鱼，有水草，还有泥鳅……在真实丰富的情境里，孩子们快乐学习，改变了学习方式和生活方式。而这一切，又都在课内外相连、相融中相生、相长。波波校长提出了"自然而然的美育"。这是童心小学的教育主张，当然具有普遍意义。我还不能说波波校长是教育家，但我坚定地认为，他是陈鹤琴教育家的后来人，是"活教育"的时代建构者。看来，弘扬教育家精神，追随教育家将会是教育的又一次启蒙，一连串的行动是文化上的再进步。

于我而言，我也是自觉不自觉地在教育家精神照耀下成长和进步。我已年逾80，回想起来，自从教以来，平生遇到几位教育家，是教育家影响我、引领我。我是南通人，张謇先生是南通的标高与自豪。我没见过他本人，但是在他创办的南通师范学校读书三年，"坚苦自立，忠实不欺"的校训成了我的座右铭；我读过他的书，他的"苗圃"理论如今成了我对基础教育拔尖创新人才早期培养的核心主张；我听过他的故事，他提出的"道德优美、学术纯粹"成了我人生永远的追求。

毕业后，我分在南通师范学校第二附属小学任教，自此与李吉林老师做了22年同事。李吉林是从小学里走出来的教育家。在"文革"以后她迸发了改革的激情和智慧，将国外的情境教育迁移到自己的教学中，深植于中华优秀的文化中，将情境提升为境界，深耕教学，用实验的方式构建了中国儿童情境学习范式，创建了中国特色的情境教育学。22年，以及后来到省教育厅工作、到省教科所工作，直到今天，我都在不断深入领悟李吉林的教育思想。我深深知道，任何一个教育家都是在实践中勤奋、刻苦中生长起来的，都是在实践与理论的双向构建中提升自己的。

顾明远先生是当代教育家。他是为学、为事、为人的示范，是我学习的楷模。这么多年来，我一直追随他，参加他的会，听他的报告，与他交谈，向他请教，读他的书和文章……这些都是学习的机会。我学习顾先生对中国教育改革的深度关注。顾先生不说大道理，却发出大追问："中国教育改革的路在何方？"他提出十个问题。顾先生不说所谓深刻的话，却把深刻隐藏在平实的话里："没有爱就没有教育，没有兴趣就没有学习，教书育人在细微处，学生成长在活动中。"顾先生不拒绝最新技术，他用人工智能写出阅读文章，却认为没有"人气"，而他自己用笔写出《小书本走向大世界》；还说，"给教师留下一块黑板吧！"……所见所闻，亲身经历、体验，教育家精神就这么"渗"到我的心——弘扬教育家精神就在真实的工作和生活中。

回顾既往，我不禁慨叹：人生无暮年。那是精神让我们消除暮气，驱除昨天的成功，用今天的每一次超越创造未来。那么，我们定会成为新时代的"大先生"，走出自己的精彩，走出自己的灿烂，而一切的精彩和灿烂都与中华民族伟大复兴联系在一起。

教育家办学的校长使命

应该说，校长的使命并不是一个新话题。但是，值得注意的是，近几年来，"使命"似乎淡出了我们的主流话语圈，我们关注得比较多的是所谓的校长的专业，校长的管理，更多的则是竞赛的成绩和升学率。不能说这些问题与校长的使命毫无关系，但至少，这绝不是校长使命的核心。

使命，重大的责任；使命，折射出时代的精神和要求。如今，校长的使命究竟是什么，对此，我们的认知还不明晰，感知也不强烈，更未形成"使命自觉"。往高处说，校长的使命是教育崇高和伟大的具体体现，追求教育的崇高和伟大，一定要追问校长的使命。

问题还在于，我们讨论的不是一般意义上的校长使命，而是"教育家办学"主题中的校长使命。"教育家办学"是一种目标的引领和价值的追求，也是一种理念的提升和境界的升华。的确，教育家办学主题中的校长使命，意蕴更深刻、内涵更丰富，更具历史的厚重感，也更具时代的色彩。我个人以为，教育家办学主题中的校长使命，就是校长以教育家的理念和追求办好学校，在办好学校的过程中，努力使自己成为教育家。这是一种简约的概括和表达。不过，"使命"原本就是简约的，越简约，内涵空间越大，还可引起一些想象；简约不是对"使命"的降低，而是对"使命"实质和核心内容的凸显。

校长要办好学校。但是，在教育家的视野和追求中，对学校的认识以及办好学校的要求，有其特定的要求。我们可以把这一问题分解为：为什么办学、办成什么样的学校、怎样办学。

为什么办学？校长当然为国家办学，办人民满意的学校。这一命题的意义，应该聚焦在中华民族的振兴上。中华民族要再一次自立于世界先进民族之林，靠的是人才，人才靠的是教育，教育要为国家培养创新人才，中小学要为创新型人才的成长打好基础。这是当代校长的使命。教育家总是把学校和国家的命运紧紧联系在一起。因此，校长要自觉地把学校和创新型国家发展联系在一起，把学生和未来创新型人才的发展联系在一起。在这个使命观的观照下，我们不难发现，当下有极少数校长实际上是在为学校的所谓声誉办学，说到底是在为校长的"脸面"办学，心目中祖国前途、民族未来显得比较淡薄。这样的校长已经把崇高的使命降低到最平庸的地步，丢弃了使命；这样的校长不具备教育家的胸襟和眼光，肯定不会成为教育家。

办成什么样的学校？学校绝不只是一个空间的概念。学校负载着人类文化和文明的赓续和发展，也承载着人类的理想和希望。在教育家的理念和追求中，学校首先是素质教育的典范。尽管素质教育是一个新词汇，但绝不是"新生事物"。教育的本义与原义就是开发人的创造潜能，培养人全面的素质。中小学的崇高使命就在于为学生良好素质结构的初步建构打下基础。素质教育是解放学生的教育，素质教育是一种创新教育。遗憾的是，不，严峻的现实是，不少校长已在无情地背离教育的宗旨，并逐步异化教育的本质。在这样的学校里，学生失却了人的自由，被淹灭了创造的激情火花，沦为工具。有人问：什么时候死神才降临？有的回答是心脏停止了跳动，有的回答是大脑停止了活动，但缪斯却说，当人的脚停止了打拍子。应试教育体制下，学生的脚已停止了，也不会打拍子了，于是死神就降临了。这哪里是培养人、发展人？办素质教育的学校应是校长坚信不疑的理想和坚定不移的追求，这也许是教育家办学的重要标志。其次，在教育家的理念和追求中，学校应当是教师和学生的精神家园。当多元化、多元价值观呈现在校园里的时候，如果没有引导，如果缺乏辨别能力和选择能力，缺少主流价值观的支持，师生势必模糊自己的价值观，也势必使师生的心灵四处漂泊，找寻不到自己正确的价值归宿，找寻不到文化的根。学校成为精神家园，应当充满人文关怀，人永远有目的，人永远有解放的感觉，人永远充满着快乐和幸福的体验。学校成为精神家园，也意味着学校是学习型组织，以学习促发展，在学习中汲取精神营养。再次，在教育家的理念和追求中，学校应当是研究型的学校。研究成为校长和教师的一种工作方式和习惯，从问题出发，把问题梳理和提炼成课题，在理论的指导下，摸索教育的规律，转变教师的教育观念，生长教师的实践智慧，改善教育行为、管理行为、办学行为，甚至可以完善和发展某种教育理论。历数中外从校长成为教育家的，无不把学校当作教育或心理实验场地，苏霍姆林斯基的帕夫雷什中学、陶行知的晓庄学校、陈鹤琴的鼓楼幼稚园……它们生动地告诉我们，研究是教育家办学的显著特征。当然，素质教育的示范、精神家园、研究型学校，应当是有鲜明特色的，漫溢着浓郁的文化，飘荡着多彩的诗意，创新着教育模式，是"这一所"，而不是"那一所"。

怎样办学？如果说办一所什么样的学校更多的还是理想的话，那么，怎样办学则是办学的实践。在教育家的理念和追求中，校长应当用文化的方式去办学。所谓文化的方式，我以为是在文化的建设过程中，用文化的力量和特性，去解放人性、熏陶人格、锻炼精神、铸造理想。文化方式的核心是尊重所有的人，唤醒人的情感、智慧，调动一切积极性，激发内在的创造可能性，向着理想的目标展开。文化的方式展示的是平等理念和人文关怀，是渗透的、浸润的、直抵人的心灵的。这里有制度、有规则，有标准的严格、纪律的严明，但是这一切都是为人的自由创造而存在，学校践行的是"德性伦理学"（赵汀阳《论可能生活》）。

以上只是校长使命的一个方面，另一方面则是校长应当在践履校长使命的过程中，努力使自己像教育家那样办学。这是一个漫长的过程。其中，有很多成长的要诀。其一，对于教育理想执着的追求。我们希望有一批人能仰望星空。仰望星空，关注的不是鼻尖下面的事，而应有宽阔的胸怀、开阔的视野、远大的理想。"位我上者，灿烂星空；道德律令，在我心中。"若此，在理想的引领下，不懈地上下求索，在校长的心中筑起一块精神的高地。其二，对教育的深刻理解。对什么是教育教学，什么是课程教学，什么是学校、课堂，以至什么是校长、教师和学生，都有准确而独到的见解，在此基础上，逐步形成自己的教育主张。有自己办学的主张，既是教育家的显著标志和特征，又是成长为教育家的关键因素。其三，构建办学的体系和教育的策略方法。主张和理想的实现，要有体系的支撑和策略方法的操作。这就需要校长在理论和实践中寻求平衡，在管理和教育教学的过程中形成富有特色的操作系统。以上诸点，又离不开校长的个人魅力以及由此形成的共同体。

教育家精神照亮每一位教师

教育家精神是崇高的，但绝不是高不可攀的；教育家精神是深刻的，但绝不是深不可测的。教育家精神具有引领性，引领教育改革发展的方向；具有召唤性，凝心聚力，共同攻坚克难；具有亲和力，让我们去亲近，去学习；具有日常性，精神体现于日常，普通却又精彩。因此，教育家精神是属于教育家的，也是属于所有教师的。我们不可能都成为教育家，但一定要像教育家那样做教师，用教育家精神滋养我们的心灵。

要用教育家精神照亮我们的课堂。课堂虽小，但又深远、宏大。当我们把课堂与中华民族伟大复兴的中国梦联系在一起的时候，课堂里发生的一切都会闪闪发光，那是少年强的理想之光、信念之力。弘扬教育家精神就要践行"心有大我、至诚报国的理想信念"。让学生从课堂出发，走在中国式现代化的伟大征程中，走向未来，走向世界。

要用教育家精神照亮教学智慧。教学是为了育人，学科育人、教学育人是落实立德树人根本任务的具体途径。中小学虽不是直接培养拔尖创新人才，但并非无所作为，最大作为便是以素养为导向，打好基础，培养创新意识，让学生渴望学习、期盼创新；培养创新思维，让学生心灵激荡、思维飞扬；培养创新能力，让学生在真实、复杂的情境中，研究问题、解决问题；培养创新精神，让学生迎接挑战，有坚强意志，学会合作；培塑创造型人格，让学生的好奇心、想象力、探求欲像花朵一样永远盛开、永不凋零。要让不同学生在打好共同基础的同时，进行个性化学习，成就自己。弘扬教育家精神，就是践行启智润心、因材施教的育人智慧，让学生将来成为各式各样的人才，成为建设中国特色社会主义的生力军、主力军。

要用教育家精神照亮知识。知识本身是人类文明的结晶，蕴含着创新的元素，知识是隐藏在现实中的未来，开发这些元素有利于人才成长；知识不是静止的固体，而是流动的液体，我们要摒弃旧的知识观，让知识"活"起来，活在探究中、活在体验中、活在发现中，活的知识便是能力、智慧；要让学生成为知识学习的主人，不是去背诵知识，而是去创造知识。这就要解放学生，让学生成为知识学习的主人。教育家们为我们作出了榜样。弘扬教育家精神就是要践行教育家的道德情操和仁爱之心，让学生成为活泼的人，为未知而学。

要用教育家精神照亮教师。教师是教育教学改革的基石，是推进教育高质量发展的"第一资源"和中坚力量。教师是精神劳动者，要用教育家精神塑造教师精神，要用教育家思想丰盈教师思想，让他们成为有见解有才识的人，唯此，学生才能学会质疑，又学会关怀；教师是情绪劳动者，要用教育家的大情怀，培养教师的大情怀、积极的心理、开放的胸襟、饱满的精神，唯此，学生才会焕发儿童精神、少年精神，成为心理健康、人格健全的人。

教育家精神扎根在
教师生活中

一、教育家精神具有精神的召唤性、鼓舞性和引领性，其根在生活中，具有扎根性、生长性和亲近性。我们应该用教育家精神照亮教师生活

教育家精神宏大、辽阔、深刻，可谓气象万千，用博大精深来描述恰如其分，一点都不为过。教育家精神深切地观照教师的专业发展，引领教师的精神成长，丰盈教师的心智，照亮教师的心灵。这一切都是教育家精神对我们的核心关切，我们已深深感受到了。

教育家的诞生与发展同样离不开精神的生长。正是精神让教育家站立起来，环顾四周，瞭望并关注世界，让教育家真正成为教育家；也正是精神，让教育家成为精神灯塔和精神桥梁，成为我们的标杆。教育家精神具有召唤性、鼓舞性

和引领性。倘若轻慢教育家的精神引领，必然偏离教育家精神的特质和本体价值，偏离育师育人的宗旨。对此，我们必须坚守。

任何事物都具有不同的侧面，呈现出立体感，以整体风貌来影响人、改变人，认识、发现事物的完整性，需要视域的整合。深刻认知教育家精神同样如此。教育家精神更具开阔性和丰富性，只有从不同角度去认识它、发现它，进而开发它，才能更好地发挥教育家精神整体育人价值。其中有个不可轻忽的视角，那就是教育家精神的生活扎根性、生长性和亲近性。所以，教育家精神首在精神、重在弘扬，还应加一句：根在生活。我们应当用教育家精神照亮教师的教学生活和日常生活。

这道理深刻，但并不深奥，只有说清楚，才可能自觉地在生活中融入教育家精神，让教育家精神在生活中闪亮。

首先，教育家精神是在生活中练就的。教育家与我们一样都在日常生活中生着、活着、活跃着，生活如此平凡，日复一日年复一年，却有着不平凡的意义。当年，陶行知将杜威的"教育即生活"翻了半个筋斗，变成"生活即教育"，其中一个含义就是教育本身就是生活；当生活成了教育时，教育便有了生活的滋养。生活是精神的源泉，精神成了生活的脊梁。马克思有精辟的论述："并不是意识规定了生活的内容，而是生活规定了意识的内容。"他又用诗一般的语言说，"灵魂这家伙，从人的身体里不断涌现出""观念的实现需要拥有强大的实践能力的人"。脱离了生活，精神便会虚无起来；深入生活，领悟生活真谛，精神才会长起来。教育家精神原本就在生活中塑造，那么，让教育家精神回到生活中去丰富、发展就是必然的逻辑。

其次，生活意义要用教育家精神照亮。教师在两种世界中生活：生活世界与意义世界。这是两种不可分离更不可分割的世界，只有生活世界而无意义世界，生活便无意义、无精彩可言；同样，只有意义世界而无生活世界，意义便成无源之水、无本之木。问题在于今天"事实世界和意义世界已经混淆，甚至以事实僭越意义。生活缺少意义感，意义成为文明的背影""意义退隐带来的直接后果就是生活中幸福感的缺失"，由"文"而"明"的这一文明发展逻辑也因此而缺失，产生了生活中文明的断裂。我们应当坚持追寻生活的意义，但意义从何而来？不言而喻，意义从精神的树立与弘扬而来，当生活中充溢着精神元素的时候，生活便获得意义，便会去创造理想的可能生活。教育是帮助学生创造可能生活的过程，这一过程不仅是知识传授的过程，更是精神传递、生长的过程，当学生和教师都能真正成为精神劳动者的时候，教育的目的才会真正实现。显然，弘扬教育家精神，用教育家精神照亮生活，生活的意义才会显现，才会让师生过上有意义的教育生活。可以认定，意义世界是由精神决定的。

以上两个视角的论述，无非是想说明一个问题，即弘扬教育家精神必须回归师生生活；照亮生活，才会照亮教育。教育家精神的生活扎根性、生长性以及亲近性，定会让我们更感受到教育家精神是那么"平易近人"，那么贴近生活，那么真实、具体、鲜活，才会让广大教师真切感受到教育家精神就在身边。将教育家精神渗透在教师生活中，才能培养更多拥有教育家精神的教师，去为党育人、为国育才。

二、教育家都是积极生活者，他们生活中总是闪耀着精神的光芒

教育家是人，都有自己的生活，绝对没有一个离开生活、没有生活的教育家。但是教育家生活中总是闪着光，闪着精神的光。精神之光让他们成为积极生活者，他们有着对生活独到的认识，有着对生活价值意义的不懈追求，他们也追求生活的完美，对完美的生活有更深刻的见解。正如列夫·托尔斯泰对完美的解释："你的使命不在于达到完美，而只是越来越近地走向完美。"他还说，"你所趋向的完美，在你移动的同时，也移动了同样的距离"。他的结论是，"意念的努力本身就赋予你幸福"。我的理解中，这儿的意念其实说的是人的精神的追求、意志的笃定和观念的坚守。文学家与教育家在精神上是相通的，在教育家心中，完美是一种不断向前的过程。他们告诉我们，一个人不能只有物质生活，不

能没有精神生活。教育家将精神附着在生活上，融入生活，用精神丰盈生活、引导生活。这便是教育家所追求的生活完美。

教育家永远和祖国在一起，生活中闪耀着爱国之光。他们在"教育"与"国家"之间建立了历史性的联结：教育—救国、教育—兴国、教育—富国、教育—强国。他们在任何一个历史阶段中都有责任和使命的担当。黄令仪，既是科学家也是教育家，她的生活与兴国紧密联系在一起，退休后仍为研制芯片而忘我工作，为的是祖国的强盛。她说，我永远匍匐于大地，擦干祖国身上的屈辱。祖国兴旺发达了，她才会站起来，昂首挺胸走在世界中。张桂梅，为了让贫穷山区的女孩能读上高中，让她们的家庭、家乡富裕起来，把自己所有的钱都用在办女子高中上，毅然决然用教育阻断贫穷。有人说她为了荣誉变疯了，她却说，为了让教育引导山区小孩长大后去推动家乡致富，她可以舍弃自己的一切。她是清贫的，却是精神的丰裕者。如今是教育强国的时代，为了祖国的强盛——教育家是有祖国的，是为祖国的，他们把自己的一切献给祖国。教育家生活在祖国的怀抱里，在救国、兴国、富国、强国的所有阶段，都与祖国同呼吸、共命运——这是教育家生活的主旋律，是教育家精神的内核。

教育家永远和人民生活在一起，生活里永远充溢着热爱人民的大情怀。1943 年，晏阳初和爱因斯坦等被评为"现代世界最具革命性贡献的十大伟人"。晏阳初因为平民教育而一生备尝艰辛，又因为平民教育而彰显价值，收获愉快。晏阳初为让农民有知识有文化，办起了乡村教育实验区，办起了各种形式的识字班，建立了农业科学组织。他说："我们欲'化农民'，我们需先'农民化'。"毛泽东对晏阳初"以宗教家的精神努力平教运动，深致敬佩"。还有教育家梁漱溟。有一天，梁漱溟走在大街上，看到一位白发老人十分吃力地拉着人力车艰难向前。老人体力不支，但坐车的人凶狠地催促老人快拉。老人又急又怕，重重倒在地上，嘴里流着鲜血，连胡子都染红了，梁漱溟说，"我眼里掉出泪来"。从此以后，他再也没坐过人力车。不仅如此，他在河南建起村治学院，又在山东建起乡村建设研究院……仁爱之心、悲悯之情贯穿他的一生。梁漱溟是这样解释人生与生活的："人始终要在与人相关系中生活，人不能脱离人而生活，人不能离开人而生活。"这就是他所说的，"道德是最深最永的趣味"。教育家教导我们该怎么生活，以行为世范告诉我们：首先过有道德的生活。

教育家永远和教师生活在一起，让"教师第一"的理念落实在平日的生活里。大家熟知梅贻琦的话："所谓大学者，非谓有大楼之谓也，有大师之谓也。""校长的任务就是给教授搬搬椅子，端端茶水。"说得平心静气，发自内心，毫无作秀之态。陶行知用整个心来办学校，用整个心来帮助教师。他说，教师是个永远不毕业的学生。当校长的教育家爱教师，当教师的教育家爱同事、爱教师、爱朋友，李叔同便是这样的教育家。1914 年的一天，北风萧萧，雪花飘飘，天地一片苍茫。著名诗人许幻园突然找到李叔同，站在门外，大声喊道："叔同兄，我家破产了，咱们后会有期。"说完，挥泪告别。李叔同望着好友远去的背影，没跟上去，也没呼喊，而是站在雪地里沉思好久，一直到许幻园的身影消失在纷飞的大雪之中，才返回屋内，含泪写下那首脍炙人口的《送别》："……天之涯，地之角，知交半零落。一壶浊酒尽余欢，今宵别梦寒。……"长亭外的古道边，我们看见了李叔同的背影，也看见了他闪光的灵魂。也许，有时候，教育家在生活中闪出的光虽是微弱的，却是最灼热、最明亮、最能照亮人的。

教育家永远和儿童生活在一起，照亮了儿童，也酿就了教育家的儿童精神。教育家爱儿童。陈鹤琴说：我爱儿童，儿童也爱我。他又说：一切为了儿童。当年建起中国第一所实验性幼稚园——南京市鼓楼幼稚园的时候，他就说：鼓楼幼稚园应该是一块大麦田，麦田里种下麦种。麦种从何而来？可以从国外购买，但外国的麦种适应中国的土壤、气候吗？我们要培养中国麦种。中国麦种，正是他说的，要培养人，培养中国人，培养现代中国人，培养世界中国人。这是对儿童最深沉的爱。席勒将儿童精神解释为富有激情和探究欲的游戏精神、创造精神。像儿童那样生活，教育家酿就了儿童精神。

教育家永远和读书、思考、研究、实验生活在一起，他们生活中的志业熠熠闪光。教育家的生活是丰富的、五彩缤纷的，又是专业的，读书、思考、研究、实验成了他们生活中的主色调。李吉林每个节假日都在办公室工作，春节只有大年初一在家休息，其他几天都在办公室读书、思考、研究，处理工作事务。她对《文心雕龙》《人间词话》的反复阅读，让情境教育找到了中国文化的根，构建了中国特色的情境教育学和中国儿童情境学习范式。程千帆的弟子们回忆说，如果这个星期有课，程先生绝不会应酬；明天有课，今晚绝不会喝酒。教育家生活中的故事都满蕴着精神的力量，尤其闪耀着思想的魅力。

教育家热爱生活，在生活中凝聚并充分体现了教育家精神。弘扬教育家精神就应该像教育家那么生活。

三、弘扬教育家精神，抵制生活中的不足与缺陷，在日常生活中塑造自己的精神世界

生活，日复一日，年复一年，似流水，平常、平静，而精神、思想、道德、情怀，却在生活中生成、升华。生活场便是学习场，便是弘扬教育家精神的广阔而丰厚的基地。我们要用精神导引自己，过好自己的日子。

伟大的小说家弗兰兹·卡夫卡，有人称他有水晶般明丽的境界，而且能将那种境界描绘得让人信服。他曾经说，要"抵制自己的局限性与惰性，抵抗这张办公桌和这把椅子"。的确，人是有弱点的，生活是有不足、缺陷的，教师同样如此。我们必须抵制与克服。

教育家精神是抵制、克服的精神武器，犹如"砍向我们内心冰封大海的斧头"，亦如一位美学家晚年在《只要有路，我还将走下去》一文中所写的那样，希望自己像屈原那样工作，不马虎；像陶渊明那样生活，不计较。而教育家精神对人的熏陶、影响，对人的教诲、引导，更为全面、丰富、深刻，也更有穿透和鼓舞的力量。只要我们在生活中自觉和积极地去学习，我们一定会在抵制中走向明丽的境界。

我们要抵制自己的局限性，让自己的生活像教育家那样有大格局。季羡林的弟子卞毓方曾经说过：要把书桌放到天安门城楼上去，让阅读、让自己与祖国的心脏一起跳动；要把书桌放到遥远的太平洋的孤岛上去，让自己安下心来好好读书、思考；要把书桌放到帝国大厦的顶上去，俯视世间的一切，悬览万千气象；要把书桌放到巴黎圣母院去，在那里才能感受到圣洁和高尚；要把书桌放到俄罗斯的大庄园去，因为那里有大文豪，可以与他们为友；最后要把书桌放到故乡的大地，汲取乡土的智慧，亲近心灵的故乡。格局就是眼界，格局说到底就是价值观的确立，为自己构建人生价值坐标体系，心有大我，胸怀天下，胸怀"国之大者"，为党育人、为国育才。

我们要抵制自己的惰性，像教育家那样勤学笃行、不断奋进。惰性是缺乏奋斗精神的具体体现。年轻教师不能躺平，资深教师更不能躺平，躺平不行，躺赢不可能，"精神离职"也行不通。马克思曾说：体力劳动是防止一切社会病毒的伟大的消毒剂。马克思的这句话用在抵制人的惰性上再合适不过——奋斗精神是防治惰性这一病毒的伟大的消毒剂。与惰性相关的是惯性。惯性往往是经验使然。经验是可贵的，但经验不改造、不优化是可怕的。我们要像教育家那样勤学笃行、求是创新，像教育家那样躬耕教坛，不断深化，不断提升，抵制了惰性和惯性，就能永远充满朝气，澎湃自己的伟力。

我们要抵制自己的平庸，像教育家那样在开拓新领域、新赛道上有弘道追求。平庸意味着不思进取，不敢接受挑战；平庸意味着不能跟上时代的步伐。如今，世界变了，孩子变了，技术变了，教育定会发生改变，而应对这一切变化的关键在于改变自己，一个能改变自己的人才能跟上改革的潮流，也才能超越自己。平庸意味着不能深入研究，不能去探索去创造，甘于满足现状。教育的生命源于创造，教育的使命在于培养具有创新精神的人，突破落后的传统，超越已有的经验，主动去寻找，积极去发现，优秀人才才会不断涌现。马克思说："在科学入口处，正像在地狱的入口处一样，必须提出这样的要求：'这里必须根绝一切犹豫，这里任何怯懦都无济于事。'"同样，在改革创新的入口处，必须根绝一切平庸。我们要像教育家那样，创造生命的意义，创造属于自己又联结着育人使命的生活。

这就是我们教师弘扬教育家精神的最富活力的地方——生活。让教育家精神在生活里扎根！

（文中所提到的教育家的故事和言论，均参考了姚卫伟所著《师道》一书，江苏凤凰教育出版社，2019年版）

教育家精神之花
在师生关系中绽放

　　弘扬教育家精神是个深刻的话题。其深刻性在于精神引领性，引领教师心灵的"再圣化"，提升精神境界，塑造美好心灵。其深刻性也在于它的深沉召唤性。召唤教师以教育家为楷模，像教育家那样当老师。其深刻性还基于教育家精神的生活扎根性——教育家精神是在日常教育教学生活中浸润、滋养而铸造起来的。正是生活的扎根性，让教育家精神具有亲近性，并具有普遍意义：教育家形象是高大的，但绝不是遥不可及的，教育家就在我们身边，与教育家为友为伴，我们也会生长起教育家精神来。也正因此，弘扬教育家精神是个可持续、常谈常新的话题，其可持续性应视作深刻性的另一种体现。

　　换个角度看，弘扬教育家精神也在引领我们回溯和回归：回溯教育家成长的过程，回归教育的本质属性，进而寻找弘扬教育家精神的着力点和突破点，使弘扬教育家精神落到实处。

在本质上，教育学是人学。尽管早在古希腊文献中就洋溢着幸福的人学思想，但直到1969年，人学仍未成为一门独立学科。可贵的是，正是在人学尚未成为一门公认学科的年代，苏霍姆林斯基便已发现它与教育学的本质联系，提出了"教育学就是人学"的命题（参阅孙孔懿《苏霍姆林斯基教育学说》，人民教育出版社2018年7月版，13页）。教育学是人学，弘扬教育家精神必然回归到人发展的几个基本问题上去，回到教育与人的基本关系中去，回归对人的关怀与帮助。只有回归教育与人的基本关系，才可能找寻到教育家精神的本质属性，弘扬的发力点才会更有深度和力度。

回归人性，必定要回归师生关系。无疑，在诸多关系中，师生关系是其中最基本、最根本的关系。这是不言而喻的。教育或教学的本质，即是教师与学生在特定情境中互动、建构意义的过程。教师与学生是相互依存、相互支撑、相互促进的，舍弃其中任何一方，便无教育、教学可言。对师生关系的描述较为准确而生动的很多，其中突出者有两人：一人是《被压迫者教育学》的作者保罗·弗莱雷。他说，教室里只有两种人——教师学生与学生教师。另一人是蒙台梭利，她在《童年的秘密》里对教师的定义是："作为教师的儿童"。其实，在中华优秀传统文化中也映射着有关师生关系的思想光芒。"信其道，亲其师"，大道至简的六个字，思想如此深邃，其精髓就在"信"与"亲"的思想和实践的张力之中。"三人行必有我师"，说的是人人可为学生，也个个可为教师。良好的师生关系自然呈现在日复一日、年复一年的生活中，如此平常，又如此亲切。教育家谦逊的为师之德、君子之风，犹如拂面的春风。

实践中正是这样的。所有的教育家都以教育为家，首在与学生为友。他们的精神自然而生动地体现在师生关系中，当然也是在这样的和谐关系中才生长出教育家精神的，说到底，良好的师生关系是教育家营造起来的。我们不妨再讲讲陶行知四块糖的故事。一个男生用泥块砸自己班上的男生，被校长陶行知发现并制止，叫他放学时到校长室去。放学后，陶行知来到校长室，男生早已等着挨训了。可是，陶行知却笑着将一颗糖果送给他，说："这是奖给你的，因为你按时来到这里，而我却迟到了。"男生接过糖果。随后陶行知高兴地掏出第二颗糖放到他的手里，说："这是奖励你的，因为我不让你打人时你立即住手了，这说明你很尊重我，我应该奖你。"男生惊讶地看着陶行知。陶行知又掏出第三颗糖塞到男生手里，说："我调查过了，你用泥块砸那些男生，是因为他们欺负女生。你砸他们，说明你很正直善良，而且有跟坏人斗争的勇气，应该奖励你呀！"男生感动极了，流着泪后悔地喊道："陶校长，我错了，我砸的不是坏人，而是同学……"陶行知满意地笑了，他随即掏出第四颗糖递过来，说："为你正确地认识自己的错误，我再次奖励给你一块糖果，我没有更多的糖果了，我们的谈话也可以结束了。"

　　故事如此平常，又极不平常；如此普通，又极不普通。但正是这平常而又普通的故事，酿成了经典。经典的故事让教育家精神凸显得如此具体、鲜活。我以为，教育家精神常常发生在师生关系的建构中，因此这样的精神具有渗透性、弥散性，真实而自然地发生着。但是，这样的故事又是不平凡、不普通的，它让我们重新审视师生关系。教育家精神照耀下的师生关系给了教育一种秩序，你说我听，我做你说，互相倾听，互相理解。这样的秩序里有教育应有的规范，又充满着精神的自由。教育家精神照耀下的师生关系，给了教育一种高度。这样的高度以情感为纽带，以尊重为前提，以信任为基础。这是情感的高度，在对话中生成意义，触摸学生情感脉搏的跳动，用意义创造自己的生活。教育家精神照耀下的师生关系，揭示了师生关系的实质——精神关系，用心灵的对话、意义的交流、人格的互塑、精神境界的提升编织和谐、合作、共生的师生关系，用良好的师生关系丰盈教育生态。

　　回归到人，回归师生关系，我们应更坚定一个认知：教育的精神属性，即育人是一种精神力量，用精神呼唤精神，用精神塑造精神，让学生挺起精神脊梁，中华民族才能挺起精神脊梁。同时，我们更坚定一个信念：教育家精神不仅是属于教育家的，也是属于我们所有教师的；教育家精神永远和教师、学生在一起。这样的"属于"，绝不仅仅是出于纯理性的逻辑判断，也不仅仅是教师应有的价值认知和追求，而是由教育家精神的本质所决定的；弘扬教育家精神不能只是仰望，而应在教育生活中践行；青年教师也不必全是敬畏，也许"景行行止"是对弘扬教育家精神的诠释。我们从热爱学生、了解学生、发现学生，和学生一起构筑良好的师生关系做起。这样，教育家精神就会在师生关系中绽放最美的花朵，而师生关系的教育秩序、情感高度、精神境界，会让教师的心灵、人格与精神品格悄然地"再圣化"。

像教育家那样做心中有光的好教师

转眼间，甲辰春节已过。欢乐歌舞送走卯兔欢跃，火红灯笼迎来辰龙飞腾。在欢庆节日的时候，我心里还惦记着另外一个人，他便是南京市瑞金北村小学的校长——仲广群。他很普通，却又不平凡，在我的心里，他很伟大。2023 年11 月 4 日，与病魔顽强抗争了两年多的他，永远离开了学校，年仅 57 岁。他没有和家人过上春节，没有和我们在一起欢庆新春。

仲广群去世后，《中国教育报》连续七篇头版报道，在江苏乃至全国引起强烈反响，这是不多见的。大家都说，仲广群是弘扬教育家精神的好教师。他心中有束光，那束光便是教育家精神，正是教育家精神，使他成为一位杰出的校长、优秀的老师。从他那束光中，我们再次领悟到，教育家精神不仅在教育家身上闪光，也深深植根于广大教师心中；教育家精神并非空洞的符号，而是真实、具体、鲜活的精神形象；弘扬教育家精神，不仅要有更多教育家涌现，更要让一线教师成为践行教育家精神的好教师，让教育家精神之光在每一位教师身上闪耀，照亮中国教育的天空。这才是弘扬教育家精神的根本目的。

仲广群的事迹堪称弘扬教育家精神的一个典范，具有普遍意义。我们应从中进一步领悟究竟什么是教育家精神，究竟应该怎么弘扬教育家精神，做一个像教育家那样的好教师。

一、好教师要像教育家那样，生命为祖国而澎湃：用行动诠释至诚报国

心有大我，至诚报国，是教育家精神的灵魂。教育是人类共有的文明形态。教育家要有大胸怀，要关注人类的进步、世界的和平与人民的幸福。但教育家是有祖国的，他们的生命要为祖国而澎湃，青春为民族复兴而歌唱。把一切献给祖国，把一切献给世界，意味着把一切献给祖国的孩子，把最美好的世界留给孩子。因为，孩子就是祖国的未来，有什么样的孩子，就有什么样的民族未来。至诚报国的理想就落实在完成祖国交给的使命上：立德树人，努力培养有理想、有本领、有担当的时代新人。

仲广群为我们树立了榜样。2023 年 11 月 3 日，仲广群

病逝前一天，江苏省教育厅"双减"工作办公室专门向他发去了感谢信，感谢他将精心研制的"'爱上数学别怪我'系列课程"100个视频学习资源无偿捐献出来，并通过全省智慧教育平台、江苏省名师空中课堂等载体提供给广大教师。这100个形象生动、寓教于乐的视频课程资源，凝聚着仲广群大量心血，每一个数学小故事他都精心设计、亲自讲解。他要把最好的数学课送给孩子，让孩子爱上数学，爱上学习，爱上研究，爱上创造。不仅捐献自己的教学课程和资源，仲广群还决定捐献自己的遗体。2023年春节，仲广群知道自己可能时日无多，悄悄地对哥哥坦言，想最后再做一件事——捐献遗体用于医学研究。家人们一时难以接受，纷纷反对。直到病逝前，已经全身疼痛难忍，他还反复要求捐献遗体，态度如此坚决。他说："我是共产党员，是无神论者，捐出遗体是我坚定的心愿。"仲广群用生命诠释了"至诚报国"的深刻内涵。

高质量发展是中国特色社会主义建设的首要任务，是硬道理，是生命线。教育高质量发展旨在构建德智体美劳全面发展的体系，这一体系的本质是更高水平的育人体系，教育的高质量说到底是育人的高质量。因此，培养担当民族复兴大任的时代新人，乃是"国之大者"；教师若能将立德树人这一根本任务内化于心、外化于行，贯穿于教育的全过程，便是真正胸怀"国之大者"。仲广群牢记使命，全身心投入，鞠躬尽瘁，死而无悔。他用自己的行动和生命，践行了心有大我、至诚报国的理想信念，弘扬了教育家精神。至诚报国是"大词"，仲广群却将其化为实实在在的行动，让理想信念指引着精神生命的成长。

二、好教师要像教育家那样，忠诚自己的事业：以教育为家

"教育家以教育为家"，是孙孔懿先生提出的观点。这是一个既形象又深刻的比喻。"'家'天然地体现着以人为本的精神，体现着以天伦为轴心的温馨、责任与关怀。正是在与'人'的无法割舍的联系上，'教育'与'家'高度相关：教育同样离不开人。教育是人的教育，是面对人、通过人、为了人的文化传承与精神交往活动。""人的主体地位以及人的存在与发展，使得'教育'与'家'如此相似。这样说来，'视教育为家'不是很自然的吗？"教育家的"以教育为家"，"意味着教育家的精神归属，意味着一种寄托、融入、血脉相连"。当然，"还意味着教育家的忠诚与奉献，意味着他是教育的建设者、守护者、捍卫者，绝不容忍对教育的任何侵害或污染"。（以上摘自孙孔懿的著作《教育家：存在与意义》）由此，不难看出教育家的理想、信念、道德、情怀和永恒的智慧。不以教育为"家"的人，怎么称得上教育家呢？同样，好教师也离不开"教育"这个"家"，离不

开"家"里的孩子，离不开对"家"建设、发展的责任。而"教育"之"家"与天下相融相通，因此，好教师也应该有胸怀天下的文化人的弘道追求。

仲广群就有这样的追求，而且真真切切地落实在日常工作中。他总想把一切献给学校、献给教育，献给这个世界。患病的两年来，仲广群去医院治疗几乎都是安排在周末。假期时间，常常是化疗一结束就马上照常上班。即便是偶尔请假，他也只请两天左右。因为他心系学校，放不下学校的一切。他总是在工作，即使生病了也从不透露口风。到了生命的最后关头，对于前来看望他的学校领导和老师，他说得最多的仍是学校应该如何办得更好。在尚能流畅说话的最后一天，他还跟副校长聊了 20 分钟的教育教学管理。教育成了他的家，这个家连着国家、连着未来，在他心目中，这个家更有分量、更宏阔。

当然，教育家也不能忘掉自己的小家。好教师要爱自己的家，要有好家庭。在生命的最后一刻，仲广群用双手使出最后的力气抓住病床两边的栏杆，憋足了力气，喊出了最后一句话："快叫儿子来！"他把生命的最后一点温情，留给了家里的人。知父莫若子。他儿子说，父亲告诉他，人生就是一门最复杂的交叉学科，而交叉学科的主轴就是教育。大家、小家都在教育家心里，好教师更应如此。不过，"教育家以教育为家"，我们应该记住的是"小我"融入"大我"，有"大家"才会有"小家","大家"好,"小家"才会好。

三、好教师要像教育家那样,毫无保留地爱学生:对学生的爱加减乘除都算不尽

爱学生是所有教育家的共同特点,爱得无私、爱得真切、爱得永恒。教育家以教育为家,又以爱"家"中的孩子为天职。比如,李叔同以发自灵魂的真爱影响了所有的学生,尤其是影响、培养了丰子恺。为报师恩,在李叔同50岁生日之际,丰子恺画了50幅"护生画",表达心愿:"护生者,护心也。去除残忍之心,长养慈悲心,然后拿此心来待人处世。"教育家以自己的真诚诠释了师道,师道其实是爱生之道,是爱生之情、爱生之心。是仁爱之心让教育家永远留在历史中,留在所有学子心中,熠熠闪光。没有爱就没有教育,没有爱就没有教育家。当然,没有爱就不可能成为好教师。

"他对学生的爱,加减乘除都算不尽。"这是老师们、学生们、家长们对仲广群的赞誉。仲广群对学生的爱,首先体现在始终坚持五育并举,凡是关于学生的事、关于德智体美劳全面发展的事,都是他上心的事。他亲自抓体育、视学生健康为第一要务。生病以后,他还发微信公众号,称赞体育教研组长游泳特色课程推送得好;晚上10点,他发信息说有人提出赞助,学生可以更好地踢球了,他心里有说不出的高兴。仲广群爱学生，可以总结为一句话："让儿童活泼地学。"他和学生肩并肩地讨论问题，和学生在校园里一起去探索发现；和学生一起参加社团活动，规定学生毕业时至少学会6项体育技能；当学生不小心把手表丢失了，他和学生满操场地找，一直笑呵呵地陪伴、安慰孩子……"笑呵呵"是仲广群对学生爱的表情，大爱无声也无痕。难怪几个学生赶来南京，只差9分钟，敬爱的仲老师就走了，他们跪在病房门口痛哭不止……大爱是从一件件小事做起的，做个像教育家那样的好教师，应该永远把那句话变成自己的信条和行动："对学生的爱，加减乘除都算不尽。"

四、好教师要像教育家那样，拥有育人智慧：用一项实验改变课堂，带动一批学校发展

教育家应当具备育人智慧。教育家不仅拥有先进的理念、浓郁的情怀，还深谙教育规律，具备上好课、教好每一个学生的真本领，充溢育人智慧。从某种意义上说，教育家是真正的教育专家。

仲广群是数学特级教师，他一直在数学课堂中刻苦钻研，探寻让学生爱上数学的秘诀。他主张让学生的学成为课堂的中心，教师的任务则是帮助学生、引导学生学。他将这样的课堂称作"助学课堂"。我参加过他主办的研讨会，听过他的报告，看过他和团队老师上过的课，都给我、给大家留下了十分深刻的印象。"助学课堂"从根本上改变了以教为主的教学模式，学生自主学、合作学、师生共学，展现出一派生动的学习新景象。有一次我坐高铁出差，刚上车，还没坐下，就有四五个教师围上来。他们认识我，来自全国各地，告诉我刚刚听了仲广群和团队的"助学课堂"，十分兴奋。他们说，"助学课堂"就是好，仲校长就是好。这是发自他们内心的话。几年来，仲广群推广"助学课堂"遍及祖国各地，远至边陲，近在华东。全国10多个省份100多所实验学校的2万余名教师采用了"助学"的方式，形成了独树一帜的"助学"教学流派。大家都说，仲广群"用一项实验唤醒了一所学校，带动了一批学校"。"助学课堂"早已在教师们心里获得了大奖。

育人不是一句空话，育人的本领、智慧体现在上好每一堂课、教好每一个学生上。像教育家那样做好教师，要从上好课开始起步，练就课程教学改革的硬功夫、真本领。

五、好教师要像教育家那样，成为心中有光的人：以榜样带动和帮助好教师成长

黎巴嫩诗人纪伯伦曾经说过："人是一支队伍。"人要走在队伍里，还要走到队伍前面去，然后再回到队伍里来。在队伍里行走，是依靠集体，汲取前行的信心和力量；走到队伍前面去，为的是成为领跑者，带领大家走向远方；再回到队伍里来，为的是陪伴大家，再次获得能量。归去来兮，这正是教育家与教师关系的生动写照。其实，一个人也可以看作一支队伍，因为这个人召唤、凝聚、带领、鼓舞一大批人，从而组成了一支队伍。因此，教育家并不只是单个人，而是以他为核心的共同体。还有人对教学风格进行了挺有"风格"的界定："风格是众多合唱声中领唱者的旋律。"教育家就好比是领唱者，而教师们则好比是一个合唱队。以上这些描述性的话语，都在诠释一个理念：教育家其实是一个复数，是一个共同体。

好教师也应该是这样的一支队伍。仲广群以他心中的一束光，照亮了学校的教师，也照亮了来自全国各地来考察的教师。广西桂林市大河中心校的副校长说，一周的跟岗学习让我们真切感受到仲校长的博学以及他高尚的教育情怀。新疆伊宁市第六小学的一位老师说，向仲校长学习后，学生真的变了，眼睛亮了，学会倾听了，把课堂交给孩子，解放了孩子也解放了教师。仲校长的那束光照进了孩子和教师的心里。四川省宜宾高县硕勋中学的党总支书记说，一个始终把师生成长放在心上、把学校发展扛在肩上、把教育事业铭刻在骨子里的校长，才有可能成为一名好校长，方能以崇高的初心使命和炽热的教育情怀留下自己生命的印记。因为他本身就是一束光，也会成为一个光源。

我们相信每个教师心中都有一束光，只是有时这束光会隐藏起来，它需要被激发与点燃。教育家精神是精神灯塔，发出的光照亮教育天空，照进教师心灵，因此，激发了教师心中的理想追求，也点燃了教师的希望。光与光的互相点燃与照耀，让教师在精神灯塔照耀下，走在好教师成长之路上。要知道，天地对接处有地平线，地平线虽然永远够不着，它却鼓励我们永远向前。

仲广群就是心中有光的教师。即使走到生命尽头，生命之光熄灭，但他的理想之光仍然照耀着我们，鼓舞我们像他那样践行教育家精神，做一名好教师。

晨曦的故事

每天清晨醒来，只要是晴天，透过窗户，看到晨曦初露，接着彩霞满天，一切都明亮起来，我总会在心里说：晨曦，你好！

望着晨曦，我自然会想到好多人。首先想到尼采。英国学者爱德华·奥布莱恩称尼采是"晨曦的儿子"。啊，多么灿烂的名字！还会想到他看病的故事，尼采对精神病科医生痛苦地说："我怀孕了！"并指指自己的头，说："我怀孕的是这里。"医生大吃一惊，那惊愕的神情完全可以想见。尼采接着说："因为我将诞生一个新的思想。"我不禁在心里大笑起来，但马上在回味中悟到一个判断：大师、大家都有一个有趣的灵魂，他们都应该是晨曦的儿子。

是啊，教育家迎着朝霞，沐浴阳光，创造了美好的教育。譬如，斯霞，奶奶级的教育家，却有一个少女般的名字，因为她创造了童心母爱教育；譬如，被学生称为"爸爸"的李叔同、称为"妈妈"的夏丏尊，因为他们如同学生的父母，重构并丰富了师生关系；譬如，马相伯，他说："我只是一只狗，只会叫，叫了一百年，都没有把中国叫醒。"中共中央给马相伯百岁生日的贺电是："国家之光，人类之瑞。"由此，我想到，他们都有高尚的心灵和育人智慧。今天弘扬教育家精神，就是伟大心灵的时代回响；教育如果有灵魂，那就是教育家精神。我们应该向教育家致以崇高的敬礼！

人在严冬的时候，也会感受到晨曦的温暖。2023年的冬天，我去了石家庄。那是雪后的一天下午，寒风刺骨，厚厚的带绒的裤子抵挡不住一阵阵寒冷，可是，我进了石家庄二中，却感到阵阵暖意，尤其是在报告厅，更是温暖如春。那天，我向全校教师讲了"弘扬教育家精神"。报告完，一位男教师站起来向我提问："成老师，您说我有教育家精神吗？我能成为教育家吗？"会场上一片友善的笑声，我的回答是肯定的，教师点头、笑着，回到座位上。会议最后，宋书记给我颁了石榴奖章，说我是获得这一奖章的第一位校外"教师"。奖章上写着："幼芽火炬擎天，期待一屏翡翠。指前路之迢遥兮，再鼓罡风之势；望远图之灿烂兮，更举破浪之帆。"我想象，我们正是那破浪之帆，在某个晨曦时刻出发，到中流击水，驶向新的彼岸。

　　就是从那刻起，我心里涌起一股冲动：把教育家的伟大心灵呈现出来，让晨曦的儿子与我们为伴。其实，2015年时，我就关注并研究教育家，读了不少书，也写了一些文章。2016年，我写了6篇，分别论述了教育家的风骨、风度、风格，教育家与知识分子、与好老师、与儿童。2023年教师节前夕，习近平总书记高度凝练了教育家精神。9月底前，我接到《人民教育》邀约，写一篇弘扬教育家精神的文章。清楚记得，那天我起得很早，是在晨曦中动笔的，当天就完稿了。我的这本书，是过去文章的梳理，又是近一年多来的新作，是文章的荟萃，是我心灵对教育家精神的回应。遗憾的是因为时间关系，还有几篇未能收入。

　　我向教育家致敬，让教育家精神照亮我的生活；我向教育家学习，将教育家精神化作行动，成为我永远的自觉。

　　真诚感谢这本书的诞生出版、展卷阅读和传递践行过程中的每一位可爱可敬的人，你们的敬业精神、专业智慧和美好连接让我欣然感动，教育家精神也在你们的身上闪亮。

　　愿这本书，在某个晨曦时刻与你见面；愿教育家精神走进你的心灵，发出伟大心灵的回响。

成尚荣

2025乙巳年春